主な登場人物

澤ちゃん
［たくちゃん］
今回の旅のパートナー。日本生まれ日本育ち。四川省にルーツのあるバイリンガルな華僑の女の子。

日野トミー
［トミーさん］
この本の著者で、漫画も描けるフリーの映像クリエイター♀。中国でアニメ会社設立に関わった経歴を持つ。

中国、雅安《があん》
碧峰峡《へきほうきょう》…
ギャーギャー
ザッ
ザッ
ザッ
熊猫基地
ザッ
ザッ
ゼーハーゼーハー
私はフリーのクリエイター日野トミー
只今猛烈な便意に襲われながら大陸のど真ん中をひた歩いています
ゼーハー
ゼーハー
ゼーハー

トミーさん
急いで、あんまり
時間ないよ…!
彼女はたくちゃん。
日本生まれ日本育ち
バイリンガルな
華《か》僑《きょう》の女の子です。
ハァハァ
早くしないと
パンダ基地が
閉まっちゃうよ…
そ、そうは
言っても
ゆっくり
歩かないと
しちゃいそうで…
決壊
ヨタヨタ…
バカ おめー誰しも
おもらしを重ねて
一人前になるんだぞ
ケケケ…
自分の状況を
受け入れなさい
おもらしもきっと
いい思い出に
なりますよ
うっ…
味方がいない…
トミーさん
速く歩いて

以前中国は西安《せいあん》でアニメを作る仕事をしていた私は、※
一生懸命働き
ボェ〜
食べて…
スタッフと語らい…
好吃〜
食べて…
好吃〜
なんで私が中国に!?
中国人と一緒にアニメを作ってきなさい!
※『なんで私が中国に!?』イースト・プレスから発売中!
日本に戻ってきたのですが
ゲフ
帰国後中国人の友人知人が増えて
你好 你好〜
四川省にルーツのある澤《たく》ちゃんという女の子と仲良くなり
うふー
←やえば
一緒に中国旅行に行くことになり
四川省なら九寨溝《きゅうさいこう》行きたい!
西安もついでに寄ってくれる?
いいよ! 西安行ったことないし パンダも見たいな
2週間ほど周遊の計画を立てたのでした

2日目にコレってことは初日に原因があるでしょ…
昨日寛窄《かんさく》で食べたうさぎの頭かな…
それともさっき寄った村で食べた生臭い魚料理かな…
今朝から長時間バスに揺られたからかな…
なんか気が遠くなってきたし…
もうすり足でしか移動できない…
スリ…
スリ…スリ…
限!!!
ヤッ
界!!!
ト…
きゃあ〜
トミーさん!!!

ギャーギャー
○△○酒店
スッキリ!! いやー助かった！
ぴゅーー
こんな山奥に宿があるとはね！
ちゃんと手洗った？
きゃあ〜〜
宿の人ひいてたよ…
トイレ直行だったからね…
※老板《ラオバン》と奥さん？めっちゃケンカしてない？
こっち見てるし
トイレ大で使ったから怒ってるのかな…
なんか食べ物頼む？
あのね基地までまだ遠いから
う、うん
車で送ってくれるって！
今ので!?

※老板＝社長

雅安パンダ基地

游客中心
Tourist Center
世界自然遗产

やっとパンダに会える！時間がないから急ぐよ！
トイレ大丈夫!?
あっハイ、スミマセン…

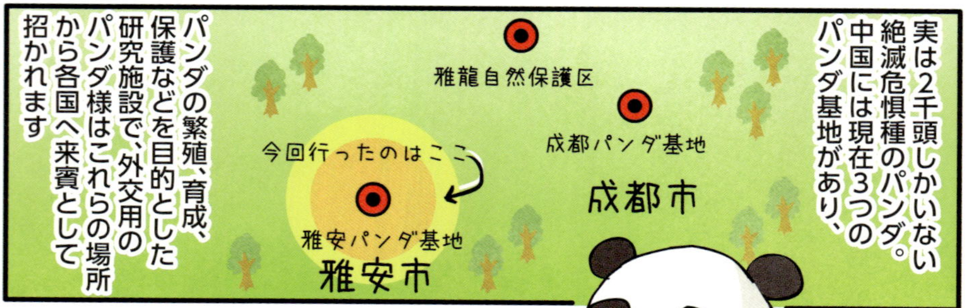
実は2千頭しかいない絶滅危惧種のパンダ。中国には現在3つのパンダ基地があり、
雅龍自然保護区
成都パンダ基地
成都市
今回行ったのはここ
雅安パンダ基地
雅安市
パンダの繁殖、育成、保護などを目的とした研究施設で、外交用のパンダ様はこれらの場所から各国へ来賓として招かれます

パンダ様のお世話係をやるためのボランティアツアーなどもあり※
ちっちっ
おみあしおもみします
世界中のパンダファンが四川省のパンダ基地へ訪れます
※寄付という形で参加には費用がかかります

※『なんで私が中国に!?』イースト・プレスから発売中（しつこい）

赤ちゃん部屋
生まれてすぐの赤ちゃんは保育ケースで守って
少し大きくなったらカゴのベッドに移すんだね
毛がほやほやだ～
展示パネルなどで基地内の活動の内容を学べたり見どころはたくさん
パンダ好きにはたまらない内容になっていますそしてある種類の人間は
こういうことを言い出します
トミーさん私、次は
パンダのお世話スタッフでまた来たい！
でたでた
審査とか試験があるんじゃないのー？
色んなコースがあるけど…
最安値が赤ちゃんパンダと写真撮影2千元!?ボッタにもほどがが…
さすがパンダ様！頑張ってお金貯めなきゃ！
本気でやるつもり…？
※日本円で３万円ぐらい

ざっくり 成都観光の歩み その1

新南門車站
Xin Nanmen Che Zhang

成都の中心地にある大きなバス停で、短距離から長距離まで広範囲に渡り、あらゆる地域へのチケットが購入できます。

宽窄巷子
KuanZhai XiangZi

新南門車站から車で20分くらい。近いのでタクシーでも行けます。整備された雰囲気のある観光地で、グルメや買物を楽しめます。

成都名物
うさぎの頭↓

ざっくり 成都観光の歩み その2

上里古鎮
Shangli guzhen

成都市から180kmほど離れた、雅安市にある水辺の古都です。
古くからやっている商店やお土産屋さんが並び、※好看！です！
新南門車站から雅安までは長距離バスで3時間くらいです。

※好看…いい眺めの意。

地元の魚料理↓
(そんなに美味くない)

雅安熊猫基地
Ya an Xiongmao jidi

上里鎮から20kmほど離れた場所にあるパンダ基地です。
本編でも触れましたが、ボランティアスタッフとして有料で
パンダさまのお世話係をする事ができます。

日本の動物園で暮らしているパンダさまは、全て高額
でレンタルしている中国のパンダさま。上野動物園で産
まれたシャンシャンも、所有権は中国にあるのです。
中国各地にある熊猫基地のおかげで、順調に数を増や
しているパンダさま。いつか政治利用からお役御免
となる日が来るかもしれませんね。加油！

あこがれの九寨溝
早朝から九寨溝《きゅうさいこう》へとバスで出発した我々は、山道を10時間走行したところで立ち往生してしまいました…

ぐあー座ってただけだけどめっちゃ疲れたぁ〜〜〜!!…
ざわ… ざわ…
ざわ…
って…これなんの騒ぎ…?
トミーさん起きたの
たくちゃんおはよ
ざわ…
ざわ…
これ何ごと?
この先の崖が崩れて進めないんだって…
えー
がっがががが崖が崩れて…
ガクガクガクガク
ガクガク
これから迂回して違う道でまた何時間も走るから
今夜中に宿にもたどり着けるかわからないって…
巻き込まれなくて
本当に…よかった…

しかし長蛇の列でなかなかバスを動かせず
ざわ…ざわ…
ざわ…
いつ動くんだよ
トイレ行きたいよ～
ざわ…ざわ…
ざわ…
乗客の疲労と不満は最高潮に
あーだこーだ
なんだかんだ
どーのこーの
あるよ
ケンケン
ゴーゴー
トイレあるよ
ケンケ…
は!?あるのかよ
どこだよ
サァァァ…
そこに
…

そこ…
そこか…
ザッ
ザッ
ザッ
ザッ
ザッ
ザッ
星がきれい…

※詳しくは『なんで私が中国に!?』読んでね！

トミーさん写真撮りまショ！
えっうん
と、撮るね
パシャー
キュピーン
あとで別の角度もお願いしマスね
う、うん
明日はもっとたくさん撮りマスよ
トミーさんここで撮って
パシャー
えっ、えぇ…そんなに写真撮るの…？
ハイ、絶対撮りマス今から練習したほうがイイネ、次はコッチ
パシャー
パシ
パシャ
トミーさん
はっ
トミーさん
そろそろ起きてー！
すっごいいい天気だよ！
お出かけびよりー！

九寨溝
山脈から流れ込んだ石灰岩の影響で、独特の青さと透明度の高さを誇る淡水の湖水地帯
少数民族の村が九つあるので、その名がつきました。その青さは…
…とにかく美しいのひと言！
わぁ〜!!
何これめちゃくちゃきれい
こ、この角度からもいいね
何枚撮っても写真への欲望が尽きないよ

たくちゃんも撮ってあげるよ
はい、チー…
ドン
ズッ！
うわっ
バアーーン
バシ
バシ
※中国人あるある：人を押しのけてすごい写真を撮る
たくちゃん当たり負けしないで
フィジカル！
後ろからジジイが来てるよ！
ポーズ決めて！
視線こっちに！
めちゃくちゃ撮った…
そんなこんなで九寨溝最高でした
晴れたので青が深く、
本当にきれいで
かなり歩いたのですが
アドレナリンのお陰か
全く疲れませんでした

翌朝
今日もバスかぁ～
何もないといいけど…
今日は世界一のカルスト地形、黄龍《こうりゅう》に向かいます！ 九寨溝からバスで3時間弱の移動です
九寨溝
3 時間 21 分
127 km
黄龍
チケット買えたよ
じゃバス乗ろ～
あれっ
私たちの席、そこの2つだよね？
すでに人がいるけど…？
※中国人あるある：人の席に勝手に座る
この人通路側がいいって…
えぇ…シンプルに自己中…
まぁどうせ着くまで寝るだけだしいいんじゃない
いいけどさぁ…勝手に…ブツブツ…
バスの位置は標高4千m以上もう富士山より余裕で高いです
ヤク（牦牛《マオニュー》）がのんびり草を食《は》む山道をひたすら上っていきます
モシャモシャ

なんかアナウンスが始まった
中国語だから全然わからない…
たくちゃんは席遠いし…
なんか売ってる？水？ジュース？
みんな買ってるな
たくちゃーん
あれ何ー？
トミーさん
にゅ
あのね、これからバスが標高5千mを超えるから高山病の予防のために
酸素含有率の高い水を売ってるんだって
はー
どうせボッタクリでしょ？私はいらないや
でも、ほんとに酷い高山病になると死ぬかもしれないって
し、死ぬ!?
そんなわけないじゃん！
ゲラ ゲラ
でも、私買っとくね
体調悪くなっても嫌だし…

すみません やっぱ水 ください…
黄龍到着
なんとも なかったし…
やっぱ とんでもない ボッタクリ だったわ
100元…
ブツブツ
飲んだから なんともなかった のかもよー
ネタになるし よかったじゃん
黄龍風景区
玉翠山《ぎょくすいさん》の山頂（標高約5100m）から北に向かって伸びる峡谷で世界有数のカルスト地形
昇竜にたとえられる黄金に輝く石灰華段は疲れも吹っ飛ぶ美しさ！

はー
きれい
きれい
だねー
すっごい
晴れてるし
最高だね
この景色も
いいね～！
……
あっちも
いい写真
撮れそう！
ぜーはー
たくちゃん
元気だね…
私、さすがに
疲れた…
そうだね！
2日間歩き回って
体力使ったし
今日は街で
おいしいもの
食べよう！
わーい！
松藩古城《しょうばんこじょう》
成都に戻る途中にある
チベット族と漢民族の
交流の地だそうで
城壁が特徴的な街です

松藩名物？
トマト牛鍋
トマトがたっぷりのやや甘めのスープに薬味を入れてヤク肉を食べます
初めて食べる料理だ！
おいしそ〜
ぱく
！
うっまぁ
ヤクの柔らかなるお肉の食感…
複雑な出汁が溶け合ってなんという美味さ…！
トマトの酸味が後を引き何度も味わいたくなる新感覚の鍋！
シェフ
シェフ呼んで！
ぺち ぺち
日本にもこの感動を伝えたい！
いっぱい撮っとかなきゃ〜
今日もすごい写真撮ったね〜
だから言ったデショ〜
明日は西安に飛びます！

ざっくり 九寨溝への道 その1

標高
高いからね

ルートにもよりますが
距離にして400～600km
時間は10時間ほどです
飛行機でも行けます。

成都市

道中はすごい
景色ですよ！

新南門車站
xin nanmen che zhan

1話でも紹介したバス停です。九寨溝までのチケットは150元(2500円)ほどです。片道、往復、どちらでも買えます。

車窓から見える景色は自然豊かで確かに風情がありますが流石に10時間は飽きます(笑)眠れるなら体力も温存できてよいのですが、暇は覚悟の上で。

ランチタイム

長距離バスなので、途中、山の中の食堂で昼食をとります。バイキング形式で色々なおかずを好きなだけ食べます。本格的な中華料理というか、中国の一般家庭で食べる料理といった感じ。

これが結構おいしい。食べたら、またバスでひたすら走ります。

ざっくり 九寨溝への道 その2

九寨溝 Jiu zhai gou

名だたる中国の観光地の中でも大ボス級である九寨溝。周囲の街は結構賑やか。私は行ってませんがクラブなどもあるようです。

青く輝く湖の数々は、是非ご自身の目でご覧になって下さい！

黄龍 huang long

九寨溝から南下する形で行く黄龍。到着したら、更にロープウェイで山頂まで登ります。高山病予防に、ボンベ状の酸素は必須！

←バスで売っていた怪しい水

いいね！
美人だよっ！

中国人は写真が大好き。どこに行っても人を押しのけ、あらゆるポーズを駆使して自分達の写真を撮りまくります。それはもう老若男女問わず。正直、傍若無人な振る舞いにイラつく事もありますが、奥さんの写真を必死で撮っている旦那さんを見ると、夫婦愛に溢れていて素敵だなと思ったりします…。日本人でこんな事をやれる夫婦がどれだけいますかね？

ざっくり 九寨溝付近のグルメ

九寨溝
Jiu zhai gou

美味しく
焼けたよっ

↓中国ではお馴染みの串焼き肉。
羊や牛など1本2元ほどから。
クミンが効いててうまし！

四川料理ならではの→
麻辣麵もあちこちで
食べられます。

好吃！

ヤク牛の焼肉→
甘辛い味付けは
日本人にも馴染みの
ある味。葉物野菜に
包んで食べます。

↓焼肉は
こちらのお店で

松潘
Song pan

激ウマのトマト鍋!!→
なんとも言えない
深い味わい…日本
でも食べたい！

好吃！

↓トマト鍋は
こちらのお店で

じょうさんに再会!!
西安纪念品
兵馬俑的世界
FRIDAY THE 13TH

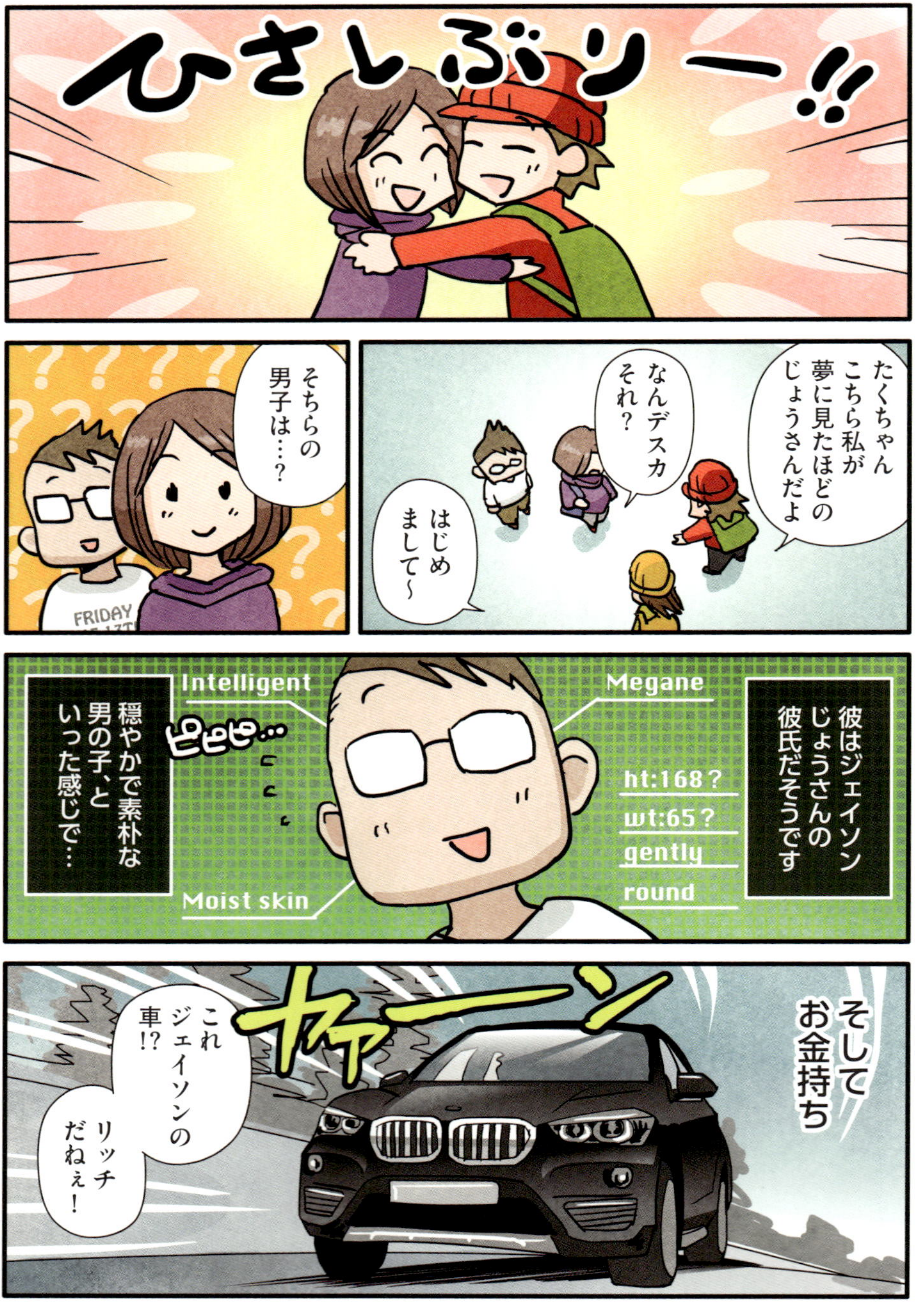
ひさしぶりー!!
たくちゃんこちら私が夢に見たほどのじょうさんだよ
なんデスカそれ？
はじめまして～
そちらの男子は…？
FRIDAY
彼はジェイソンじょうさんの彼氏だそうです
Megane
ht:168？
wt:65？
gently
round
Intelligent
Moist skin
ピピピ…
穏やかで素朴な男の子、といった感じで…
そしてお金持ち
ブァーン
これジェイソンの車!?
リッチだねぇ！

九寨溝《きゅうさいこう》はドウでしたか？
いや〜素晴らしかったよ！
写真いっぱい撮ったよね！
中国人は写真が好きダカラね
だよね〜
ジェイソンとはどこで出会ったの？
友だちの紹介デスね
FRIDAY THE 13TH
前の彼氏別れちゃったの？
こそっ
ハイとっくに〜
じょうさんとジェイソンは友だち同士の飲み会で
和気あいあいと盛り上がり、その会は何もなく解散したそうですが
それから数日後のある日…
マンションのエレベーターで

バッタリとジェイソンに遭遇！なんと実は同じマンションだったのです
実はじょうさんのことが気になっていたジェイソンは
これも運命ではとアタック！
結婚を前提にめでたく交際スタートと相成ったそうです
もしゃもしゃ
同じ穴の狢《むじな》ならぬ同じマンションのセレブだね〜
化学工場を経営する父を持つジェイソンはケンブリッジ卒のエリート銀行員
西安名菓のお菓子工場を経営する両親を持つじょうさんもお嬢様
どちらの両親も西安では有名な企業で、庶民とは一線を画すカップルの誕生でした
私の
完璧な人生のです
ビクッ
カッ
完璧な仕事ヲこなし
完璧な生活ヲ送り
助手は何を言い出すのか！？
完璧な相手ト完璧な結婚
完璧な出産
子育て
完璧な老後…！
その前に日本語完璧にしてくれ
いよいよ結婚かぁ…
すごいねじょうさん宣言通り
完璧な人生を生きてるねぇ
まだまだこれからデスよ！
FRIDAY THE 13TH

うわ〜回民街《ホイミンガイ》懐かしい！
椒盐核桃
この通りもよく歩いたな〜
パ○もん買ったりしたな〜
しみじみ…
ダメだよ…
※たくちゃんは四川省の人？
はい、私は日本生まれだけど母が四川出身で
そうなんだ！西安の後はどこに行くの？
桂林《けいりん》です
桂林!?
桂林なんてもの凄くつまらない！山ばっかりでなんにもないよ！
えっ…！そうなの!?
僕は桂林好きだけどなぁ…
ジェイソン…！
2人はとってもお似合いだけど
趣味は合わないみたいね
そうデスね！でも重要じゃないデス！
大事なのは2人のキモチ！
ラブラブだねぇ…
あっそう…

※只今中国語中。

トミーさんごめん…
ちょっと気持ち悪いかも…
えっ!
2人に胸焼けした?
そうじゃなくて…
旅の疲れが出ちゃったのかな
チラッ
どうしようホテルに戻ろうか…
とみーサン今の時間たくしームズカしい
パラララパッ
私のアプリでたくしー呼びマス
パラー
みんなで楽しんでごめんね
ほんとに大丈夫?
FRIDAY THE 13TH
体調を崩したたくちゃんはホテルで休憩
心配だなぁ
私はじょうさんたちと夕食のために移動

永興坊《えいこうぼう》美《び》食街《しょくがい》
こんな新しい観光地ができてたんだね！
開発どんどん進んでるな〜
じょうさんは今どんな仕事をしてるの？
ハイ、最近は父の手伝いや政治トカ
せっ政治!?
市長サンとお話ししたり色々デスね
昔は1人のスタッフとして会社のために努力してマシタが
今は西安の人々のため自分が何がデキルか考えていマスね
スケールが大きくなってる…！
なんだか遠い人になっちゃったなぁ
アハハ！そんなことないデスよ〜

夜になって復活したたくちゃんが合流
心配おかけしました
よかった
飲みに行きまショ!
いいバーがあるんデスよ
うぇーーい
西安はどんどん開発が進みオシャレなバーやクラブが乱立!
客層もお金持ちっぽい人ばかり…
ここは出すよ
いいデスいいデス
朝からずっと払ってもらってるじゃん
とみーサン お客様だカラ気にしないで
マッサージ店
私とジェイソンよく来るお店デ
とっても上手デスよ
私たちここで帰りマスね
ほんとに色々ありがとうね…!

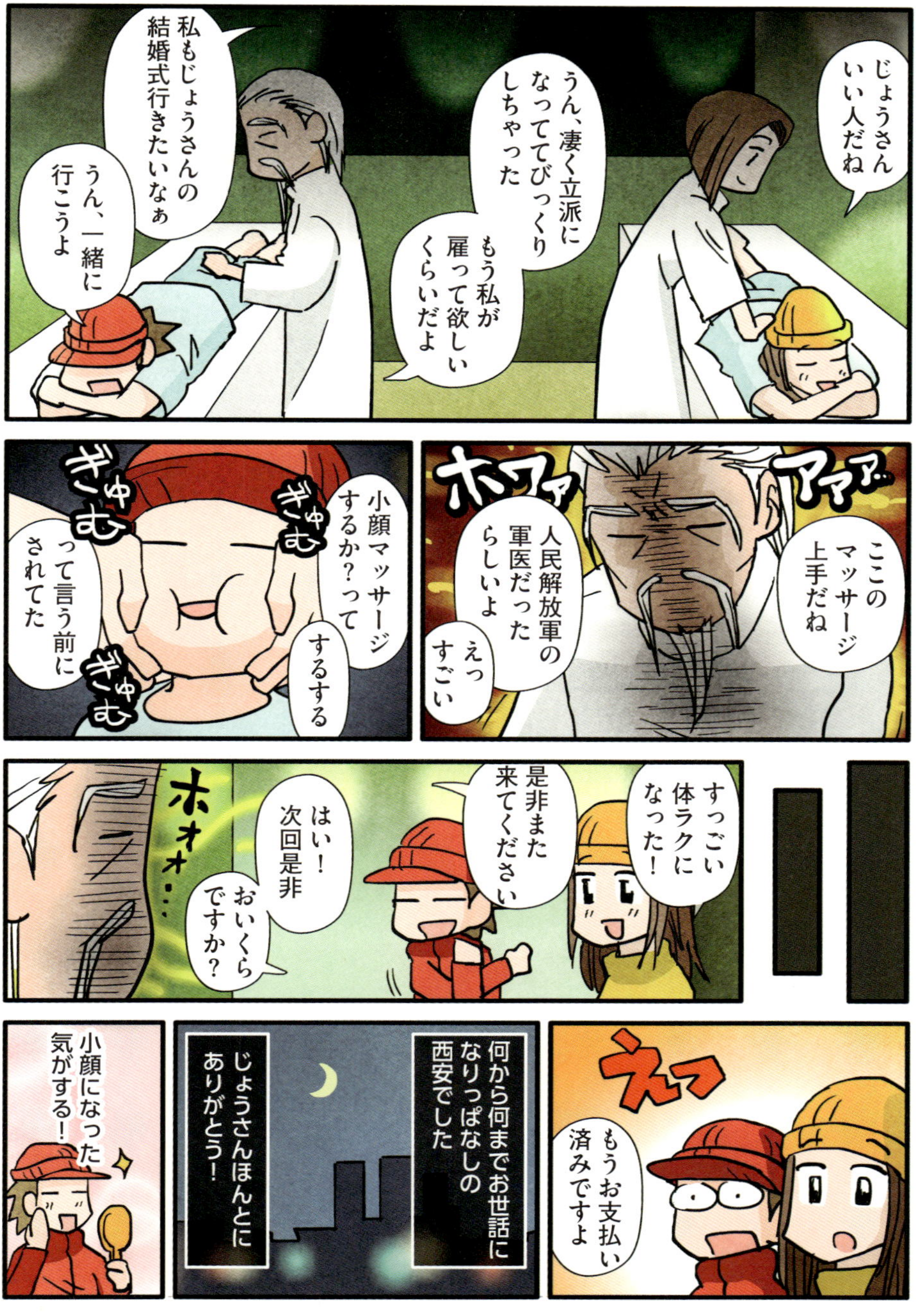
じょうさん
いい人だね
うん、凄く立派になっててびっくりしちゃった
もう私が雇って欲しいくらいだよ
私もじょうさんの結婚式行きたいなぁ
うん、一緒に行こうよ
ホワァ
アァァ
ここのマッサージ上手だね
人民解放軍の軍医だったらしいよ
えっ
すごい
ぎゅむ
ぎゅむ
ぎゅむ
小顔マッサージするか?って
するする
って言う前にされてた
すっごい体ラクになった!
是非また来てください
はい!次回是非
おいくらですか?
ホォォ…
えっ
もうお支払い済みですよ
何から何までお世話になりっぱなしの西安でした
じょうさんほんとにありがとう!
小顔になった気がする!

ざっくり じょうさんと西安

本編でも何度か紹介している拙書である、「なんで私が中国に！？」ですが、私が西安でアニメスタジオを作るという使命の中で、ずっとアシスタントをしてくれていたのがじょうさんなのです！

回民街
Hui min jie

西安と言えば城壁に囲まれた街、回民街(イスラム人街)です！

濃ゆい顔立ちのイケメン達が中国語を操り、ご当地の串焼きやザクロジュースを売っています。ここでしか味わえないB級グルメも、じょうさんと食べました。

永興坊美食街
Yongxing Fang meishi jie

今回の訪問で初めて訪れた永興坊美食街。新しく建設された大規模なレストラン街です。電飾がすごい！笑　中国はやることなすことド派手ですね！

西安にも美味しいものがたくさんあるので、グルメ情報も満載の前作も是非チェックしてみて下さいね！

桂林へ行こう!!

桂林《けいりん》・陽朔県《ようさくけん》
中国広西チワン族自治区桂林市に位置する、見事なカルスト地形の景観やアウトドアスポットで知られるリゾート地です
あったか〜い！
同じ国でもこんなに気候が違うなんて…半袖で過ごせるよ
フルーツも南国仕様だね！
は〜
トミーさんタクシー捕まったよ！
山の雰囲気がすごくいいね！
世界的な景勝地だけあるね〜

昨日まで冬の格好してたのにね～中国は本当に広いね
ガタ
ゴト
ガタ
じょうさんが桂林つまんないって言ってたけどもうすでに楽しいよ
ホテル結構遠いんだね
景色のいいとこ選んだからね!
わ～雰囲気あるね!
大陸には珍しい英語対応の受付グローバル仕様!
欧米人のゲストも多いね
うわーほんとだいい眺め!
窓全部が山水画《さんすいが》!!
いいホテルでしょ～!
今から山に落ちる夕陽が見られるよ
いや～最高だね!
フロントで自転車借りよう!

あったかいし風が気持ちいい～！
キコキコキコ
あ、帽子売ってる！
キコ
現地人ぽい！
いいね！桂林滞在中はこれ使おう
日没を経て
きれいだね～
夜になると山々はライトアップされます
桂林初日お疲れ様！
いい景色でビールが進みますねえ
陽朔《ようさく》の居心地、最高じゃないか…
明日は船に乗って川下りだよ
楽しみだな～
すいませーん塩くださーい
なんかうすあじ…

翌朝は興坪《シンピン》から漓江《リージャン》川下り。陽堤《ヤンディー》で折り返し往復します。
桂林に来たら船・筏《いかだ》観光はマストです！
屋根付きの小船に6人ほど乗っていざ出発！
気をつけてね
ほっ
桂林の山々は、地中の石灰岩が雨などで溶け、長い年月をかけてこのようなタワーカルストを林立させています
燦《さん》
燦《さん》
…
雄大な自然の中、非日常の景色にときめきながら流れる穏やかな時間…。
この川下りの景色は20元札の絵柄にもなってるよ
あっほんとだ
20
YUAN
お金の景色の中に入れるなんて感動だな〜
誰？

鵜《う》と一緒に写真を撮ったり
水辺に馬がいたり
お弁当を食べたり（うすあじ）
下船後
あ、淡水パールだ
ここで取れた貝なんだって！
貝を買ってもし真珠が入ってたらもらえるんだって
へーやってみようか
この中から貝を選ぶんだね
じゃあこれとこれ…で…
ぐぐっ
わくわく
大当だり～!!
えっマジ？
めっちゃラッキーじゃん!?
キャピキャピ
2つともに入ってるってすごいね！

大当り〜!!
あれ もしかして
なぁんだ…
全部に入ってたのかな?
※中国あるある：おみくじ商法
明日は近くの鍾乳洞《しょうにゅうどう》に行こう
洞窟の中に温泉があるんだって!
へー楽しそう! …ていうか
やっぱりうすあじだよね…
すいませーん塩くださーい
翌日、金水岩《ジンシュイガン》
金水岩
中はライトアップされてカラフル
外に比べてかなり涼しいです
※中国あるある：サイケな鍾乳洞
うぅ、冷えてきた〜
もう少しで温泉だよ!

温泉はほぼ泥水
水着着用の混浴
お湯はぬるいけど原始からある温泉だと思うとロマンあるね～
これぞバスロマンだね（小声）
トミーさん何か言った？
この人たちが今夜一緒に飲もうって
ナンパ？いやだよー気ぃ使うし
2人はビジネスパートナーなんだって面白い話が聞けるかもしれないよ
無邪気→
こそ…
そうかもだけどもし路地裏でぶん殴られたらどうするの？
こそ…
そ、そんなことある？
こそ…
こそ…
ネタにならなくて残念だけど今回はやめとこ
そう？
ばいばーい

興坪古鎮《シンピングージェン》、三国時代から続く桂林ではメインの古都で活気がある観光地です。
興坪古鎮
わー趣《おもむき》のある門構え！
ちんこうぼきょう…
トミーさん…
桂林は桂花《グイファ》、金木犀《きんもくせい》の街なんだよ
だからいい香りがするのか！
金木犀の香料、お酒、お砂糖色々売ってるね
米粉
トミーさん！米粉《ミーフェン》屋さんがあるよ!!
食べよう食べよう！
米粉《ミーフェン》は米線《ミーシェン》と並ぶ中国の国民食
地域によって味や風味は異なります
ズバ
※中国あるある：無名の食堂が超美味しい
私、2杯目注文してくる！
いいね〜
気に入ったんだね…
ズバ
三杯目

夜は都会的な雰囲気の西街観光です
ずっと自然や古都を観光していたので新鮮！
MANGO
PUB
欧米人が多いな～
レストランも洋風でオシャレなお店が目立つね
でもやっぱ地元の料理食べないとね
魚料理にしようか
珍しい魚ばっかり！
魚のビール煮をいただきます
これも塩がうすいな～
桂林の料理ってなーんか味がぼんやりしてるね～
うーん唐辛子も欲しいな…
私たち四川料理に慣れ過ぎかもね～

おなかくちた～
ん、何これ
5D
ほほ～
5D
映像に合わせて椅子が動くやつだ
5Dってすごくない？最先端だよ！
やってみようよ
え～…嫌な予感しかしないけど…
※中国あるある：ド派手な謳い文句
ぎゃ～～～
ドス
ドス
はぁはぁ…
う～頭痛いし気持ち悪い…
絶対安全基準無視してるわ…
ドン
あっ
ぎゃー
ぎゃー
あれ温泉にいた2人組じゃない？
ぶん殴り合ってる…
交渉決裂したのかな
ガス
バキ
うわぁ…着いてかなくてよかったね…
※中国（だからと言って）ないない：危険な偶然

桂林では映画監督の張《ジャン》芸《イー》謀《モウ》氏がプロデュースした「印象劉三姐」という舞台が有名です
なんと一演目の来場客数が2千人強！
自然とテクノロジーがうまく融合され、大変見応えのあるショーでした。
結構遅くなっちゃったね
舞台の帰りタクシー交渉中
ギャンギャン
ど、どうしたの
ムッスーー
この人、足元見て昼間の倍の値段言ってきたからムカついて…
ここまでしか走れないって言ってる
こんなとこで降ろされても…！
うちらのホテル遠過ぎて行けないってことか…

タクシーも人も全く通らない…
ここがどの辺りなのか暗くて全然わからないね…
ポツーン…
車だ！ヒッチハイクしてみよ
にーはー
ダメかー…
=3
ホテル遠いのがアダになったね…
トミーさん黙って
はい…
長い沈黙と漆黒の闇の中…
ザッ
ザッ
ザッ
どこを歩いているのかもよくわかりません…
ぐるる〜〜…
ビク
どのくらい歩いたでしょうか…

あっ、店
開いてる！
ここでタクシー
呼べるかどうか
聞いてみようよ
ドキドキ…
くるっ
わーーん
トミーさん
やった
ホテルまで
送って
くれるって
ひと安心
だね〜！
朝まで歩くかと
思ったよ…
地域によってタクシーの
稼働時間、対応エリアが
違うことは中国ではよくあります
お気をつけください！
しかし桂林は中国でも比較的
英語が通じるので旅行しやすい
地域です。是非山水画の世界を
楽しんでください！

番外編
釣りが趣味の私は山水画の中の釣り人になりたくて道具を持ってきました！
ふーん…
今夜のおかずを釣りたいと思います！
よいしょっ
わら
わら
わら
わら
釣りが珍しいのか？あっという間にすごい人だかりが…！
ざわ…
ざわ…
ざわ…
なんか喋ってるけど全然聞き取れない…
トミーさん釣れた？
魚の気配が全くないよ
じゃあトミーさんは晩ごはんのおかずなしね！
私はお店で食べるから～
たくちゃん厳しい！

ざっくり 桂林・陽朔県の歩み

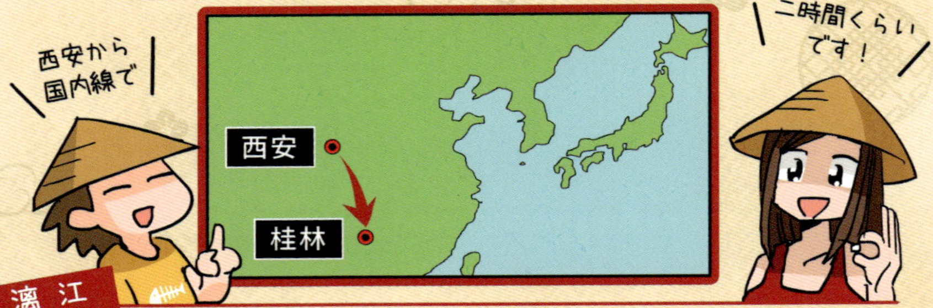
西安から
国内線で
二時間くらい
です！
西安
桂林

漓江
lijiang

桂林と言えば漓江！桂林市～陽朔を、景色を楽しみながら下り(上り)ます

カラフルな傘をさした筏達も陽朔ならではの景色。豪華客船や一般船、小型船と色々なツアーがありますが、桂林に来たら是非とも参加してみて下さい！

興坪古鎮
xingpingguzhen

古い街並みが残る古都ですが、オシャレなカフェや雑貨屋さんがあったり近代化の波も。そんな中でも素朴な人々の暮らしが垣間見えるとほっこりしますね～

二人とも
女の子(笑)↓

金木犀の香りが漂う温暖な桂林、大自然に囲まれてのんびり過ごしても、トレッキングやクライミングなどアクティブに過ごしても、とにかく最高の滞在になること間違いなし！な桂林、大満足の旅でした！また行きたいな～！

ざっくり 桂林のおやつ

屋台

桂林の食事は、塩味が薄くて(?)味がぼんやりしている印象で、正直ぱっとしませんでした…が、素朴なご当地っぽいおやつの屋台などご紹介します！

←ザボンぽい柑橘
ザクザクした食感
甘みは少ない

邪悪な顔の川魚→
の丸ごと唐揚げ
身が少ないけど
美味(うすあじ)
なんの魚かな？

ピリ辛豆腐→
やっぱり
うすあじ…

魚は全然釣れませんでしたが、魚料理は色んなレストランで食べられます。水槽から選ぶタイプのお店は、日本にはいない珍しい淡水魚が見られるのでオススメ！

米粉

好吃！

中国各地で食べられる米粉ですが、桂林ではかなりメジャーな食べ物です。優しいお出汁で間違いなく美味しいです。一度は試してみて！

↑こちらのお店で戴きました

トッピングは唐辛子の漬物やザーサイなど、ザクザクの歯応えが柔らかい米麺とマッチ！

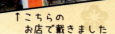

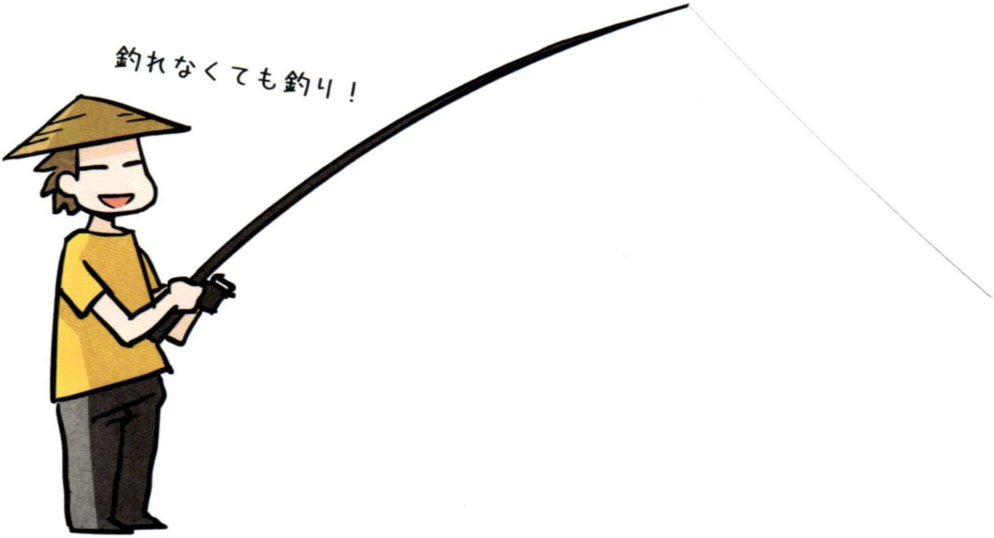
釣れなくても釣り！

食い倒れ重慶!!

重慶《じゅうけい》
たくちゃんのお母様の実家がある、重慶にやってきました
おぉ〜 高層ビルばっかり！
さすが重慶は都会だね
中国は近年のバブルで開発が進んでるしね
叔父さんの車ありがたいね
叔父さん優しいんだよ顔は恐いけど
あとすごくケンカ強くて、昔熊を倒したんだって
へ、へぇ…
この子は私の妹！あと2人姉がいるよ
あ、中国人はいとこのことも姉妹って呼ぶんだけどね
じゃあ4人姉妹か
2年ぶりにみんなに会えるよ
ホワ ホワ
楽しみだね〜

華僑《かきょう》のたくちゃんは幼少時代、中国語を覚えるため単身重慶へ渡り、猛勉強!
日本
重慶
短期間で中国語を習得して日本メインで暮らしてますがたまにこうしてお母さんの実家に帰省しているそうです
昔は辛《つら》いこともあったけどバイリンガルに育ててくれた両親に感謝してるよ
苦労したんだね…
お陰様で私の旅は大変に快適だよ…
多謝…
重慶はグルメの街だから楽しみにしててね!
もちろん!いっぱい食べる!
四川料理は麻《マー》(痺れ)辣《ラー》(辛《から》み)をメインにした料理が多いけど
地形が盆地で湿気が多いから健康を保つために
山椒
唐辛子
汗をかきやすい辛い物を食べるようになった、という説があるそうだよ
へ〜
※諸説あります
まずはおじいちゃんに会って、ランチしてからおやつを食べてその後姉妹みんなで火鍋でしょ
ブオオォォオ
火鍋の後は食べ歩きして…デザートの後は夜食でしょ
どんだけ食べる気なの…

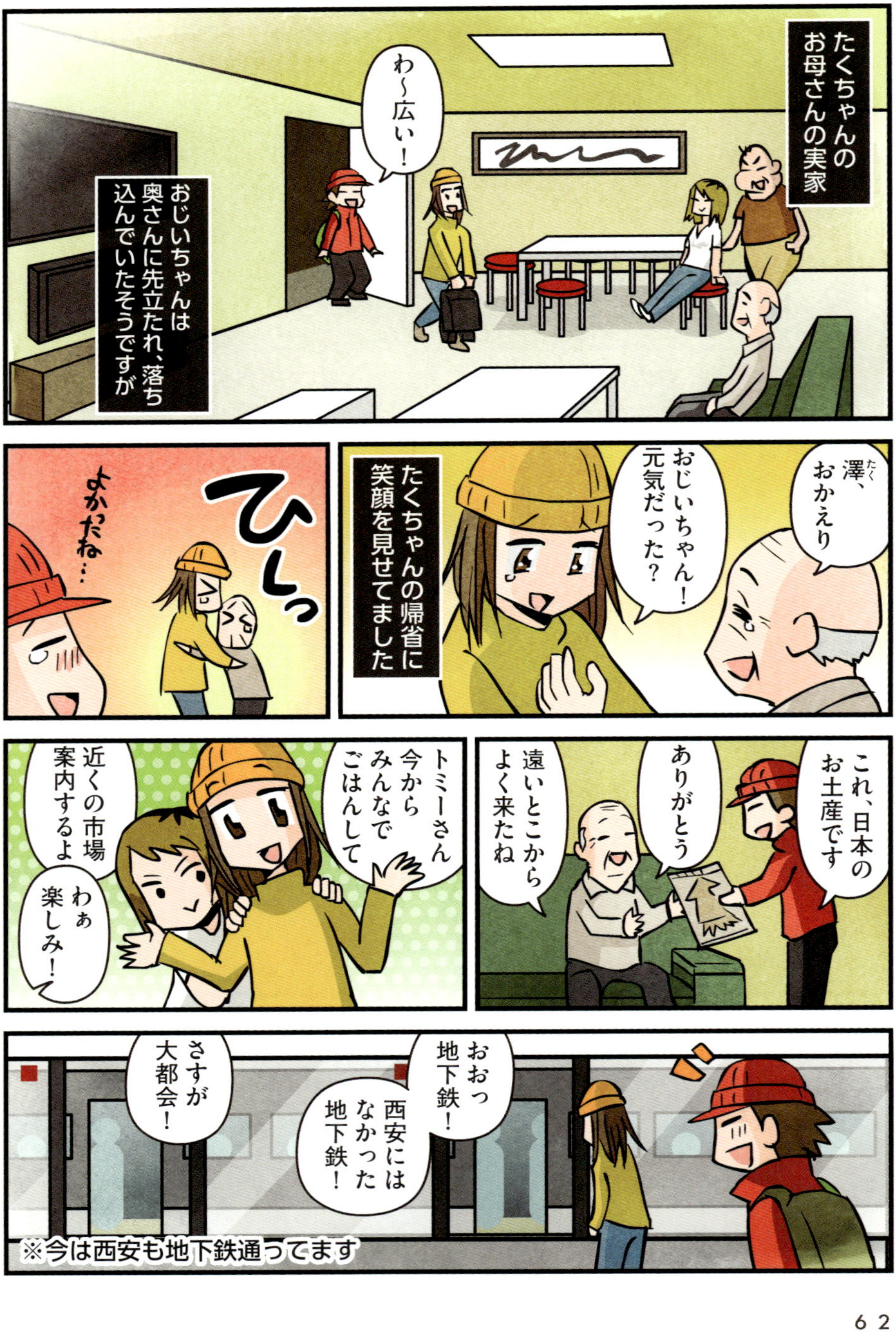
たくちゃんのお母さんの実家
わ〜広い！
おじいちゃんは奥さんに先立たれ、落ち込んでいたそうですが
澤《たく》、おかえり
おじいちゃん！元気だった？
たくちゃんの帰省に笑顔を見せてました
ひしっ
よかったね…
これ、日本のお土産です
ありがとう
遠いとこからよく来たね
トミーさん今からみんなでごはんして
近くの市場案内するよ
わぁ楽しみ！
おおっ地下鉄！
西安にはなかった地下鉄！
さすが大都会！
※今は西安も地下鉄通ってます

市場
中華食材や香辛料がいっぱい！
おじいちゃんが買ってくれるって
えっ いやいやいや
いいからもらっておきなよ
この火鍋の素もおいしいよ
あ、ありがとうございます…！
このお菓子もおいしいよ
中華スイーツの有名チェーン店
おやつにしよう
うわーおいしー!!
日本でも流行りそう
ココナッツミルク＆お餅やフルーツなど
次は米線《ミーシェン》！
出た米線！
散々食べた後はおじいちゃんと別れ、1人目のお姉さんに会いに行きました
かわいいお店！

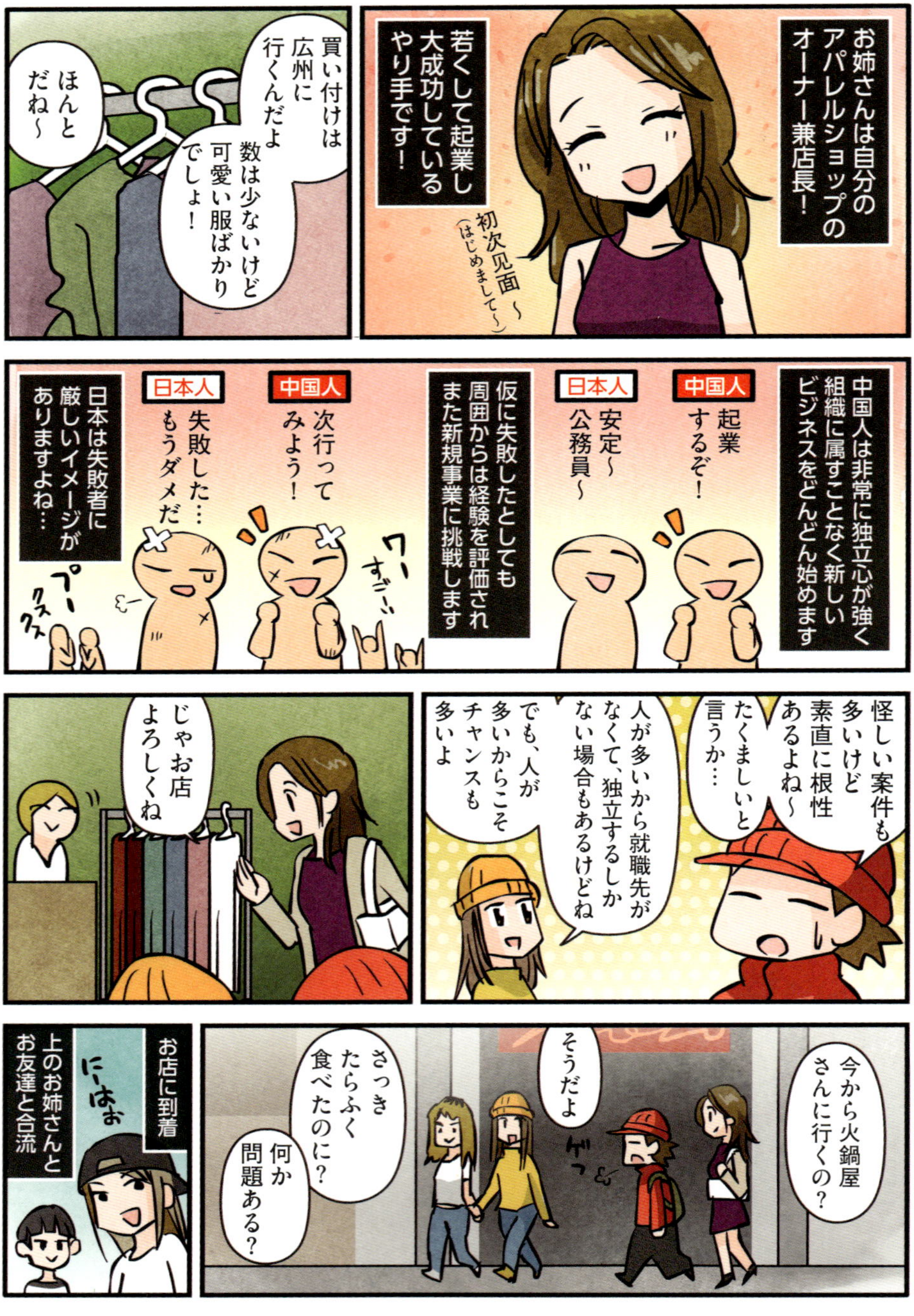
お姉さんは自分のアパレルショップのオーナー兼店長！
若くして起業し大成功しているやり手です！
初次见面～（はじめまして～）
買い付けは広州に行くんだよ
数は少ないけど可愛い服ばかりでしょ！
ほんとだね～
中国人は非常に独立心が強く組織に属すことなく新しいビジネスをどんどん始めます
中国人
起業するぞ！
日本人
安定～公務員～
仮に失敗したとしても周囲からは経験を評価されまた新規事業に挑戦します
中国人
次行ってみよう！
ワー すごーい
日本人
失敗した…もうダメだ
日本は失敗者に厳しいイメージがありますよね…
プー クスクス
怪しい案件も多いけど素直に根性あるよね～
たくましいと言うか…
人が多いから就職先がなくて、独立するしかない場合もあるけどね
でも、人が多いからこそチャンスも多いよ
じゃお店よろしくね
今から火鍋屋さんに行くの？
そうだよ
ゲッ
さっきたらふく食べたのに？
何か問題ある？
お店に到着
上のお姉さんとお友達と合流
にーはお

ワゴンで運ばれる様々な具材から好きな物をオーダーし、色んな味を楽しむシステムです
本場の火鍋だ〜!
1人1つゴマ油の缶を器に空け、辛みを洗いながら食べます
謎の食材も…
頭ないけど動いてる…
なんの魚?
日本人は辛いの苦手じゃないのかって
いやいや、私西安住んでたし辛い中華大好物だよ
成都でも火鍋食べたし
余裕余裕
パクパク
トミーさん無理しないで
あー美味…
辛っ
旨…
辛っ
痛っ
哈哈哈哈
辛…

火鍋の後はタクシーで移動しオシャレなカフェバーへ
青山、六本木のような雰囲気ですが重慶はこのような都会的なスポットがたくさんあります
わーバブリー！
センスもいいね
最近できたばかりだそうだよ
盛り上がってるな～
よかったね…
久々の再会だもんね
キャピキャピ
ほら入って！
えっうん
トミーさん白目だよ！
あ、いや～
ヤ
美人ばかりで緊張しちゃって
シャー

翌朝
妹がコアラに…
久々に会えたのにまた離れるの寂しいよね
よしよし
叔父さんに空港まで送ってもらいました
日本で暮らすことを選んだけど、やっぱり少し寂しいな
姉妹と離れてるもんね
でもきっとまたすぐ会えるでしょ
そうだね！私は日本で頑張らないと
もうすぐ旅も終わりだもんね
まだまだ！これから成都で最後の四川料理いっぱい食べるよ！
たくちゃんの胃袋どうなってるの～

ざっくり 重慶グルメについて

辛さは
半端ないです

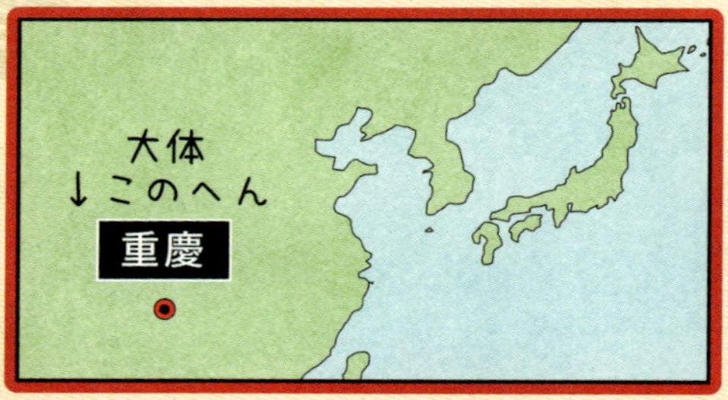

重慶は美味しい
ものばかり！

やっぱり火鍋！

重慶は1997年に四川省から直轄市(省と同格にされた市)になりました。中国三大かまど(重慶、武漢、南京)と呼ばれる地域の一つで、超盆地です。そんな灼熱の重慶だからこそ、生まれた(？)激辛グルメは、是非チャレンジしてもらいたい逸品。

好きな具を入れてみんなでつつきます！

日本でも火鍋屋が増えてきましたが、
やはり本場で食べる火鍋は格別な物に
なると思いますよ！具もバリエーション豊富！

絶品ザリガニ！

番外編です！成都で食べたので正しくは重慶グルメではないのですが辛いザリガニ料理は重慶・四川省では定番なので、珍しい物ではありません。とにかくめっちゃくちゃ美味！！！なんですよー！
ご飯にも饅頭にも、もちろん
お酒にも合います♪

成都は夜景も見事！是非
遊びに行ってみて下さい！

重慶は美人が多い？

重慶の女性はとてもオシャレで、美人が多いです！中国人は、地元贔屓により〇〇は美人が多い、とよく言いますが、（日本でも、秋田美人、福岡美人などと言いますよね）重慶はその中でもほんとに美人が多いように思います。なぜでしょう？

幾つか理由があると思うのですが、よく言われているのは重慶が盆地であるため湿度が高く、お肌が乾燥から守られ美肌でいられる、です。更に辛い物（カプサイシン）を食べる事によって代謝がよくなり、美肌効果や痩身効果を得ている事も一つでしょうね。盆地にも思わぬメリットがありましたね！

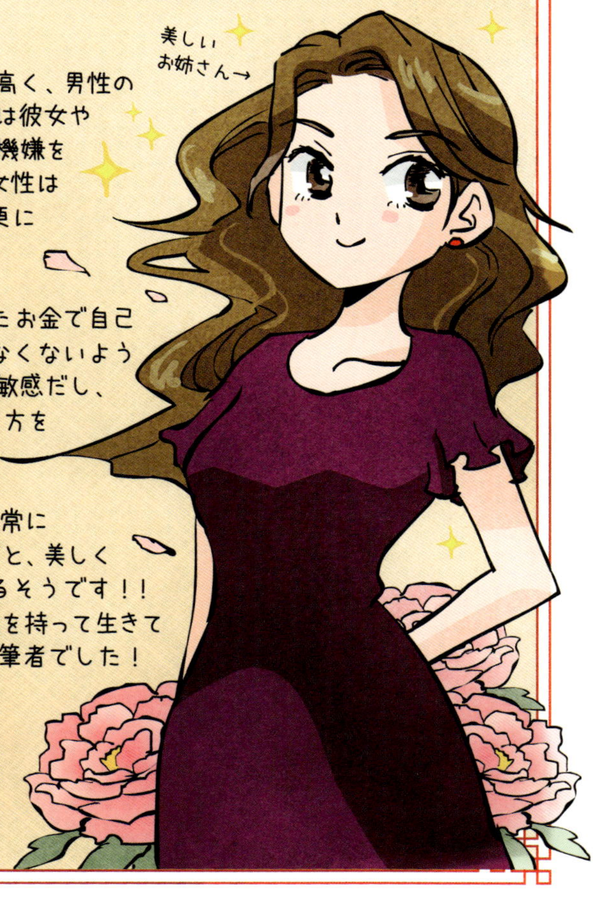

また、重慶は女性の地位が高く、男性の立場が弱いようです。男性は彼女や奥さんにプレゼントしたり機嫌をとったり、必死です（笑）。女性は自信からイキイキと輝き、更に美しくオシャレに。

自分でビジネスを始め、得たお金で自己投資する、という女性も少なくないようです。都会なので流行にも敏感だし、センスがあるので自分の魅せ方を分かってるんでしょうね。

たくちゃんのお姉さんは、非常に美意識が高く、美しくなること、美しくいられる事を常に考えているそうです！！なんにせよ、自分らしく自信を持って生きている人はみんな美しいと思う筆者でした！

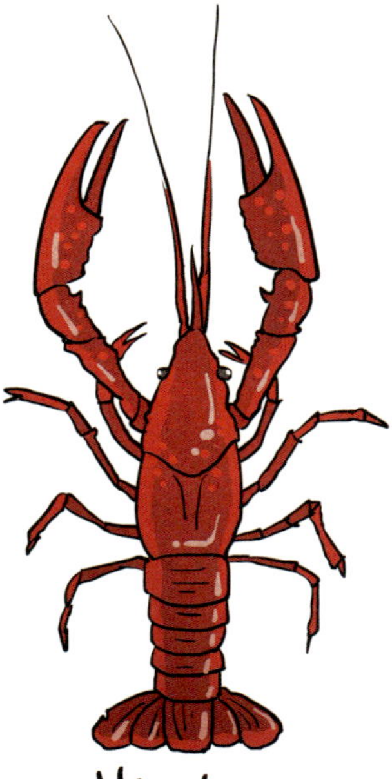

ザリガニ

雲南省に
行こう!!

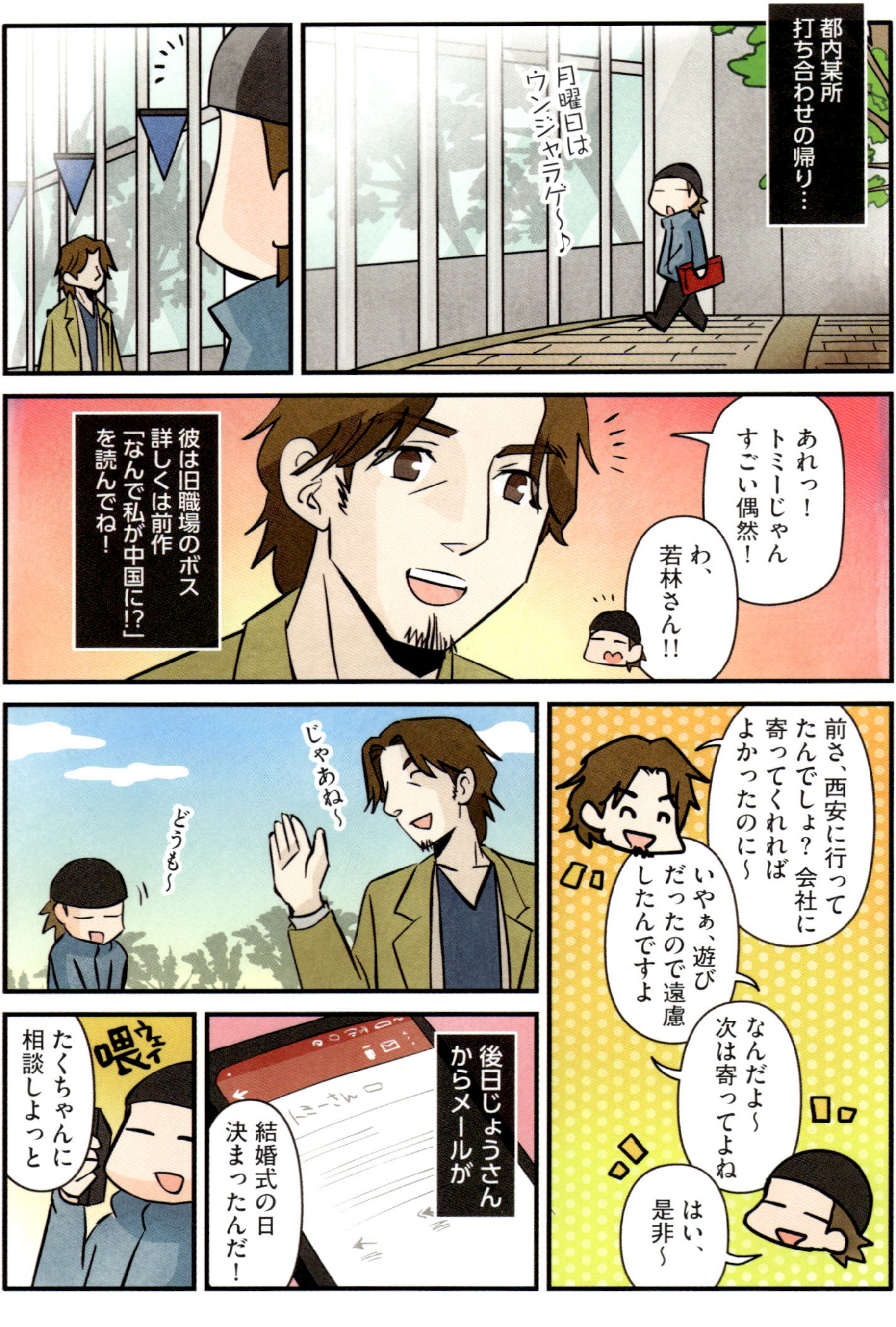
都内某所
打ち合わせの帰り…
月曜日は
ウンジャラゲ〜♪
あれっ!
トミーじゃん
すごい偶然!
わ、
若林さん!!
彼は旧職場のボス
詳しくは前作
「なんで私が中国に!?」
を読んでね!
前さ、西安に行ってたんでしょ? 会社に寄ってくれればよかったのに〜
いやぁ、遊びだったので遠慮したんですよ
なんだよ〜 次は寄ってよね
はい、是非〜
じゃあね〜
どうも〜
後日じょうさんからメールが
結婚式の日決まったんだ!
喂《ウェイ》
たくちゃんに相談しよっと

早速旅行会議です
雲南省《うんなんしょう》は絶対行きたいなぁ
そうだよね
結婚式の前に周遊できるように計画しようか
ざっとこんな感じかな
羽田
昆明《クンミン》（乗り継ぎ）
昆明（石林）
麗江《リージャン》（古城）
麗江（玉龍雪山）
麗江（虎跳峡）
香格里拉《シャングリラ》（小ポタラ宮）
西安《シーアン》（結婚式）
西安（兵馬俑）
羽田
麗江は見所がたくさんあるから日程をなるべく割いたよ
香格里拉も行くしチベット文化にも触れられるね
【便利】中長期旅行にあるといいアイテム
洗濯洗剤・洗面器
靴下、下着洗えます
吊るす紐と洗濯バサミも忘れずに！
ノートPC
空港やホテルでの仕事用
釣竿とルアー
あまり活躍のチャンスがないですが…
スリッパ
置いてない宿のために
ポケットWi-Fi
ベンリなイ○トのです
マルチタップ
機器が多い時に
格安チケットの長い乗り換え時間は仕事に最適です

ゴォォォォォ
写真の整理しよっと
ちゃんと機内モードにしてるよ
ビク
ねーなんか怒られた〜!
あっ外国人でしたか
すみません機内では携帯の電源を切ってもらう決まりでして…
※中国語
怒鳴ることないじゃん
しくしく…
中国人は同胞に厳しいんだね…
よしよし…
ガソリンスタンドでスマホ触ってて怒られた事もあります(汗)
着いたー昆明空港!
民族衣装が異国の情緒を掻き立てる!
昆明は四川、チベット、ミャンマー、インドへアクセスできる重要なターミナルになる土地
石林
STONE FOREST

昆明のとある下街
結構栄えてるね
初雲南わくわくするね〜
まずはごはん食べよう
看板犬がいるよ
固有種っぽい顔してるな〜
焼き魚の屋台だ
桂林思い出すね
わーこれおいしー！
店員さんも食べてるよ
売り物なのに 笑
ムシャムシャ
いーのいーの

トミーさん
米線《ミーシェン》屋さんだよ！
えっまた米線？
重慶でも桂林でも西安でも米線食べてるよね
ほかぁ
いい加減飽き…
ゴクリ…
パァー
ない!!
ズバババババ
でしょー
ババ
あ、中国のおでん的なやつ
食べよう食べよう
中国野菜がいいな
ぐつぐつ
※好きな具材を選んで、その場で煮てもらいます
これは鉄板焼き？
じゅわぁ
ピリ辛の味付けがいい感じ
昆明の食べ物いけてるね～
おー夜になってお店が賑わってきた
まだまだ食べるよ～！
昆明の食べ物は美味しくて、夜の屋台でもたらふく食べました！

翌朝は世界遺産の石林《シーリン》を観光
おぉ〜すごい！本当に石のジャングルだ！
地殻変動で隆起した石灰岩層が数千万年に及ぶ雨風で削られ数々の奇観を造りだしているそうです
広大な敷地に石林がずっと広がってるんだね
1日かけないと全部回れなそう
ベンチやテーブルも石でできてる！
凝《こ》ってるね
周囲では少数民族がお土産や食べ物を売っています
ちょっと休憩しよ
見たことないフルーツがある

民族衣装…
を着た漢民族の観光客か
本物はあんなに派手なメイクしてないし
なんて言うかもっと実直な顔してるんだよなぁ
中国って本当に大きな国でたくさんの少数民族と自治区があって
共存してるように見えるけどトラブルもあればお互いの言い分もあって…
中国政府は少数民族に支援や補助をしていると偉そうだけど
うーん…
余計なお世話って思ってる人はいるだろうなぁ…でも助かってる人もいて…
中国文化は好きだけど少数民族やチベットのことを思うと複雑…
どうしたの？
うーんうーん…
?
たくちゃんも漢民族

どんな人にもルーツはあるけど○○人とか○○族ってくくりのイメージって、個人を表す時あまり意味をなさないよね
そうだね、日本人の多くは「中国人」にいいイメージ持ってないと思うけど
色んな中国人がいて色んな日本人もいて…一《ひと》くくりにできないよね
そこで華僑のたくちゃんは
チベット問題についてどう思うの？
それは難しい問題だね…
そっか…やっぱ答えにくいよね…
中国政府は言論統制や情報規制したり、国民の不満を発散させるために敢えて暴動させたり弾圧が激しいもんね
日本鬼子
西安でもあったなぁ〜…
ひゃ
ジロリ
※『なんで私が中国に!?』より抜粋
現状では共産党の独裁だから、言いなりになるしかないもんね…
でも近年は酷い格差社会っていう矛盾もあり…
なんか腑《ふ》に落ちないけど
オチもないけど!!
麗江に飛びます！

ざっくり 雲南省について

雲南省とは

中国西南部に位置する、昆明を省都とする省です。人口は4,742万人、国境にミャンマー、ベトナム、ラオス、タイがあり、北西部にはチベット自治区、北部に四川省、北東部に貴州省、東部は広西チワン族自治区と接しています。多様な文化が入り混じり大変ユニークなロマンのある土地柄となっていて、国内外からも観光地として人気があります。国境付近にはタイ族、リス族、チベット族など様々な少数民族が暮らしていますが、一番多い少数民族はイ族でその数400万人。他は、大体25ほどの少数民族がいるそうです。人々の生活は素朴ながら近代化され、世界遺産は多くの人で賑わいます。日本の、岩手県とは2013年から協定提携都市だそうですよ！

美しい棚田！

雲南省には、今回訪れた石林の他、麗江旧市街、澄江化石、三江、南方カルストと、壮大な世界遺産が登録されていますが、中でも注目したいのがハニ族の棚田です。世界規模で見ても指折りの大きさの棚田は、1000年以上かけてハニ族が築き上げてきた歴史そのもの。夕陽に赤く染まる棚田の美しさは本当に感動的で、受け継がれてきた営みを想うと込み上げる物があります。私も大好きな、この雲南省を舞台にした映画、「雲南の少女ルオマの初恋」という作品がありまして！少しでも雲南に触れてみたいなーと思った方には、是非！観て頂きたい、良作です！

ざっくり 少数民族について

少数民族とは

中国では国民の92%が漢民族なのですが、それ以外の国民を少数民族としています。(中国政府の規定により)数は、現在55ほど。そのうち15民族は雲南省にしかいない少数民族です。日本のご近所である、朝鮮·韓国系の少数民族は「朝鮮族」、ロシア系は「オロス族」ベトナム系は「京族」等の括りで称されています。中国の紙幣である人民元には、言わずと知れた毛沢東が印刷されていますが、少額紙幣には少数民族のデザインが印刷されている物も流通しています。ただ、2005年の改訂版紙幣より毛沢東に統一されたので、少数民族の元紙幣はレア物みたいですね。

少数民族が印刷された元紙幣の例。「元」以下の「角」と呼ばれる少額紙幣にも少数民族が印刷されています。

オシャレな民族衣装！

多くの少数民族の伝統衣装は、とてもカラフルで美しい物が多いです。55民族にも上りますので、全てをご紹介するのは難しいのですが…興味があれば是非調べてみて下さいね！デザインやカラーリングにも、意味があります！

黒ベースでシックなご婦人、快く写真に応じてくれました♪

働く女性は美しい！

月曜日は
ウンジャラゲ～♪

麗江で遊ぼう!!

麗江古城《リージャングーチャン》
雰囲気あるね～
ナシ族によって建築された木造住居の密集した旧市街地、1997年に世界遺産に登録
世界遺産の中の宿なんて最高だね！
あとどのくらい歩きそう？
それがね トミーさん
迷ってる…
ひっ
似た景色が続くのでわかりづらいかもしれません
宿に電話して迎えに来てもらいました
よろしくお願いします～
あの人はもしかして日本人ですか？
そうですけど…

何話してるのかな…？
お宿の中庭
おお、風情たっぷり！
お花があって可愛い庭だね
犬！大きい！
米飯《ミーファン》
もふっ
予約の澤《たく》ですが…
老板《ラオバン》
じろり

※米飯は、犬の名前。老板は、オーナーの意味。

お部屋もいい感じ！
お湯もちゃんと出るしシャワーの水圧も問題ないよ

あのね トミーさん さっき話してたんだけど
メールチェック…
うん 何ー？
この辺りって日本人嫌いな人が特に多いんだって
えっ
だから、日本語をあまり大きな声で話さないほうがいいって
いやいや騒いでるつもりはないけど…
嫌われてるならおとなしくしといたほうがいいね…
うん、たぶん田舎だから外国人と触れ合わないし素直に反日教育の影響受けてると思うんだ
真面目と言えば真面目だね
まぁ気を取り直してさっき老板《ラオバン》に近くのおいしい店聞いたからごはん食べに行こう
阿婆腊排骨
また大きい犬！
もふ♡
優しい味の牛肉鍋だね
あったまる〜
はっ！
好吃《ハオチー》！好吃ーー！

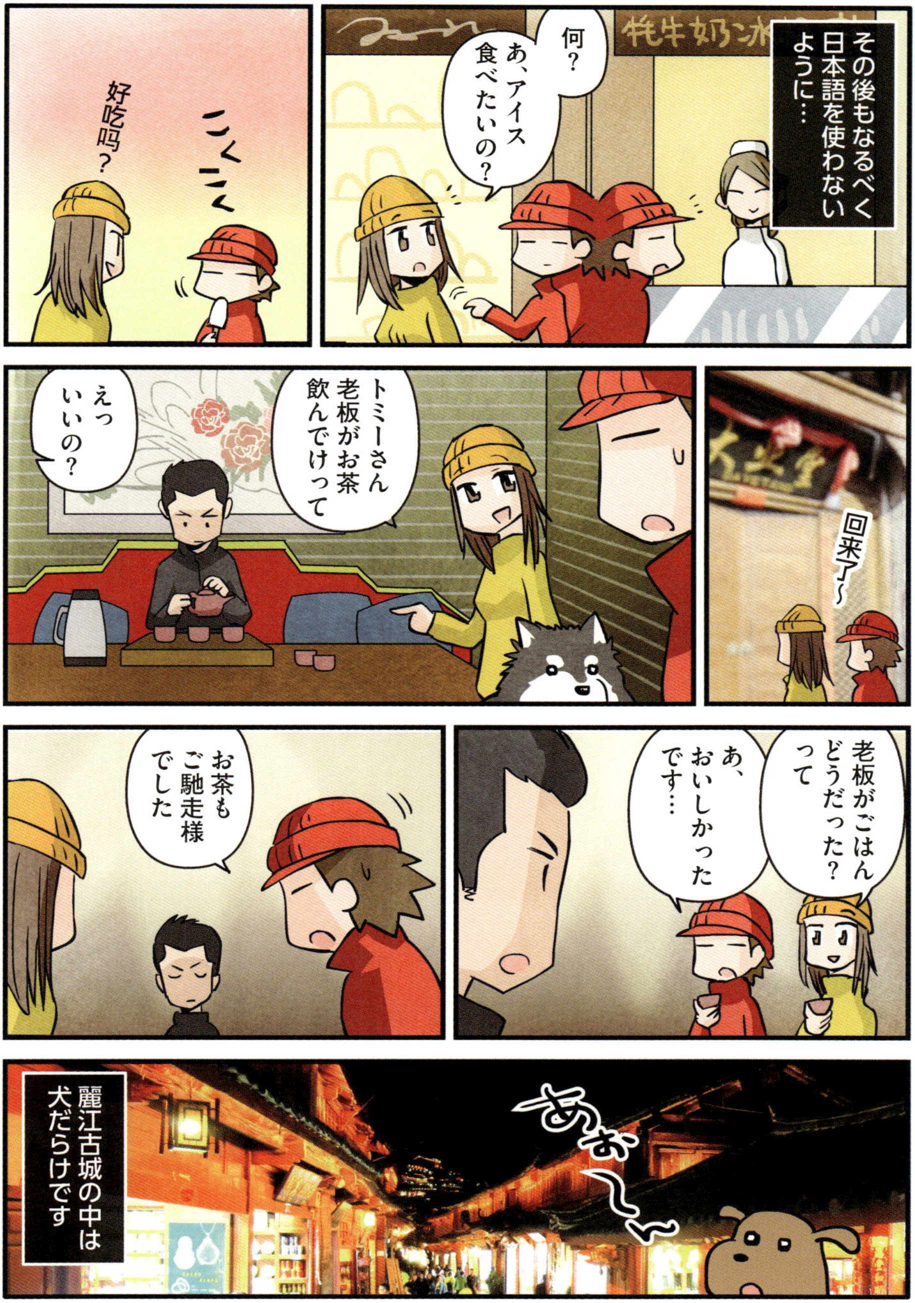
その後もなるべく日本語を使わないように…
何？
あ、アイス食べたいの？
こくこく
好吃吗？
回来了～
トミーさん老板がお茶飲んでけって
えっいいの？
老板がごはんどうだった？って
あ、おいしかったです…
お茶もご馳走様でした
麗江古城の中は犬だらけです
あぉ～～

アルビノのニジマスちゃんです！

おいしい！
川魚の臭みが
全然ないよ
しゃぶしゃぶも
いいけどお刺身でも
全然イケる！
鱒以外にも
雷魚や鯰など
みっちり
日本でも馴染みのある
魚が食べられます
あっ
老板だ
魚食べて
きたか？
日本人は
気に入って
いたか？
おいしいって
言ってましたよ
そうか
よかった
何話してるか
大体想像つく…
ねぇ
老板さあ
気になって
仕方ないんだね
なんだろ
あの人だかり
わーわー
鲜花饼
100元25盒
现烤鲜花饼
雲南省では薔薇餅と
いう御菓子が有名な
お土産で、

雲南で収穫される新鮮な薔薇の花弁をそのままジャムにし、パイで包んで焼き上げた
ほかぁ
それはもうオシャレで上品なスイーツなのですが、お店によってはかなり味に格差あり…
ぱく
うほっ
いい薔薇…
あふぅ〜…
芳醇なパイに包まれし薔薇の可憐な香り…！
これは天上人の食べ物や…！
わーわー
もっと食べる〜！
鮮花餅
100元25盒
全国包邮

古城の広場では観光客へのサービスとしてナシ族が輪になって踊ります
見るもよし、混ざるもよしです
子どもから老人まで民族衣装に身を包み、観光地のど真ん中で伝統を守っているのです
雲南は翡翠産業も盛んです
天然翡翠
買えないけど見てみたいな
おっけー
きれいだね～
中国人は宝石が大好きだからね
今、クジ引きキャンペーンやってるんだって

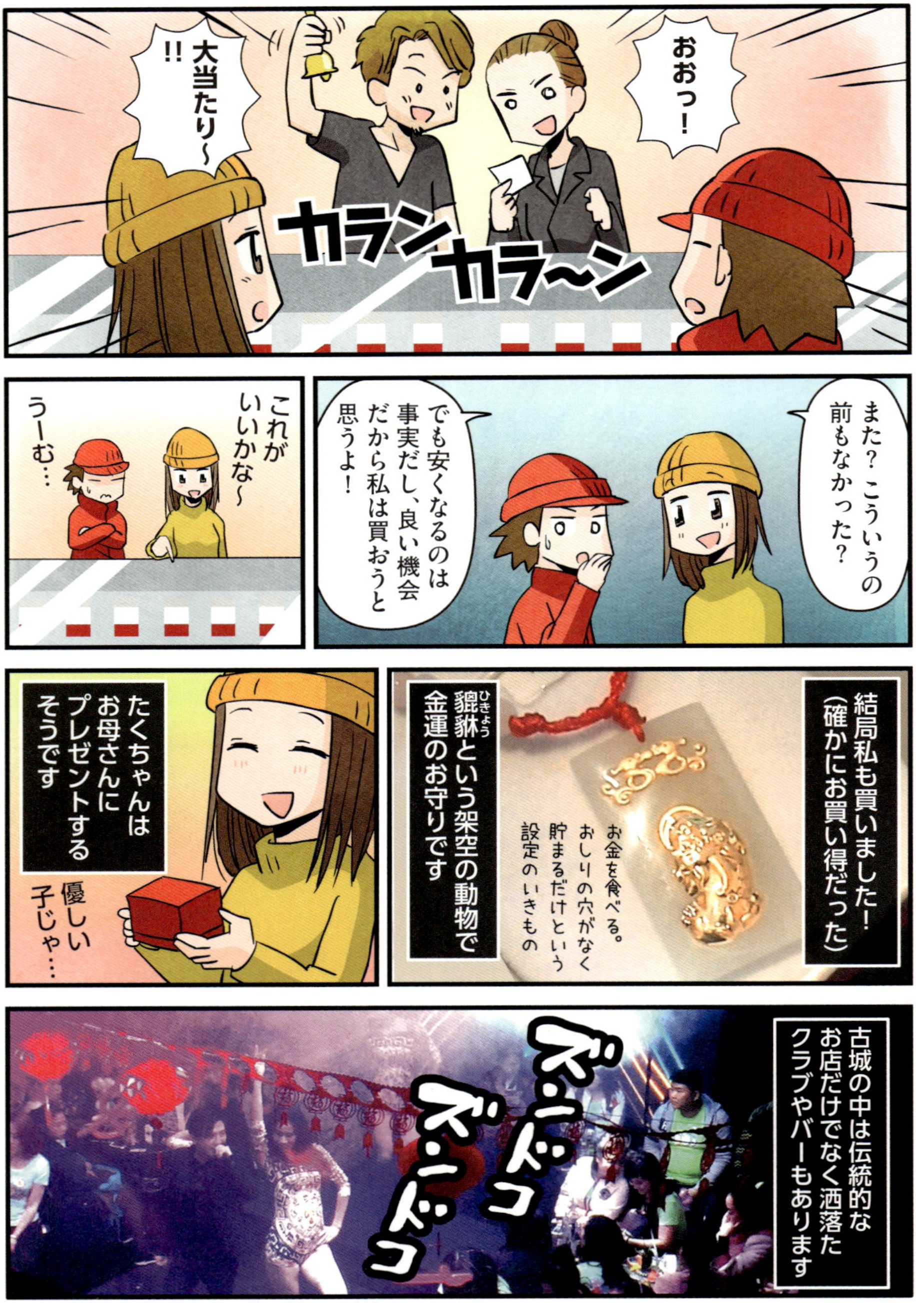

MCとダンサーがいるフロア、謎の仕組みで床がバウンドする

日中は高台から連なる屋根を見下ろすのがおススメです！
ナシ族がせっせと作った伝統の街並に、漢民族の文化と新旧の文化が混在していて
共存してるのが面白い街だね～
あっそういえば普通に日本語で話してたわ
危ない危ない
この辺りは観光客が多いから気にしなくていいんじゃない
それに、嫌ってるとしてもシニアたちで若い世代はそれほど気にしてないと思うよ
どうしても固定観念ってあるもんね
自分で感じないと更新しないよね～
ここの老板だってさぁ…
日本人お茶飲むか？
美味い店教えてやるぞ
もうこれは日本人好きだよね！
あははは

ざっくり 麗江古城について

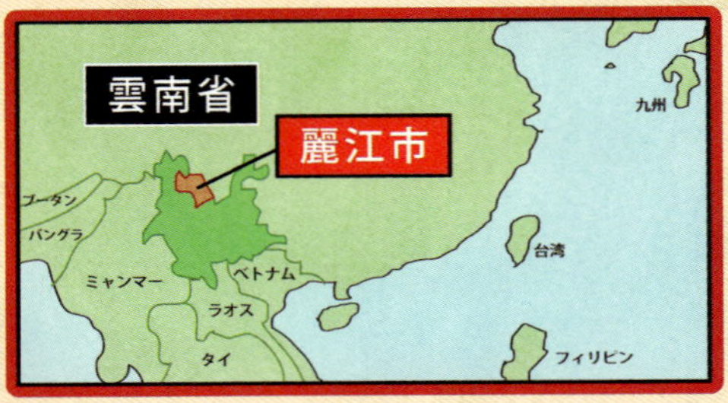

麗江古城とは

作中でも触れましたが、少数民族であるナシ族によって建設された雲南省麗江市の旧市街地です。麗江古鎮、大研鎮とも言われるそうです。

ナシ族は8世紀頃、現在の青海省付近から南下してきたと言われている民族です。南下した当時は磨《も》些詔《そしょう》と呼ばれる小国を建国していましたが、唐により六詔と呼ばれる政治権力の一つ、蒙舎詔(もうしゃしょう)に編入されました。ナシ族は、漢民族やチベット族、他の少数民族とも良好な関係を保ち、約800年もの間、争いなく過ごしたそうです！
現在の街並みは12世紀頃に作られたそうですが、旧市街の景観を今まで美しく保てたのも、ナシ族の気質のなせる技なんですね。(でも日本人は嫌い？)
犬達の気質も、おっとりしていて温厚です♪

今回泊まった宿の看板犬
米飯(mifan)→

犬達がお出迎え♪

通りやお店には、近年の日本ではあまり見かけない、放し飼いの犬たちがちらほら…。どの子もおとなしくて噛み付いたりのトラブルは見かけませんでしたが、念のため飼い主不詳の犬に不用意に絡みに行くのはやめときましょうね。

かわいい！トンパ文字について

トンパ文字とは

麗江古城を散策していると、街の至るところに以下写真のような不思議な図柄を確認する事ができます。これはもしや…宇宙人からのメッセージ…？ではなくて、これらはトンパ文字と言って、ナシ族に伝わる現役の象形文字なんです。ナシ族の司祭によってのみ受け継がれている文字で、世界で唯一、色によって意味が変わりうる文字だそうです！2003年には世界記録遺産にも登録されました。内容も、宗教や伝承に関するものが多く、真の意味で理解するのはとても難しいそうです。

旧市街地でも、たくさんのトンパ文字の看板や壁画を見かけますが、これらはあくまで観光用の雰囲気を高めるためであって、実際ナシ族でも使いこなせる人は少なく、普段は中国語、漢字を使用しているそうです。確かに日常的に使うなら、名前と住所書くだけでも時間がかかって大変そうですよね ^^;

とにかく、中を歩いてるだけで楽しい麗江古城、是非遊びに行ってみて下さい♪

もふっ

玉龍雪山と
虎跳峡に
行こう!!
香格里拉
虎跳峡

玉龍雪山《ユーロンシュエシャン》の麓
藍月谷《ランユエグー》
藍月谷
玉龍雪山
今日はバスツアーで玉龍雪山とその周辺の観光にやってきました
たくちゃんあっちに牛がいるよ～
うわっ
ドン
大丈夫？？
わっ
ドン
たっ
助けて！
ドン
やだ怖いから
すごかったね～玉龍雪山の頂上！麓はこんなに晴れてるのにさ
天気が悪いとロープウェイ運行しないらしいからラッキーだったね！
さっきまであそこにいたなんて文明はすごいね～

さっき
ビョオォオォ
いるよね～あーいう人…
わはははは
←裸
真っ白でなんも見えないね…
途中までは晴れてたんだけどなぁ
頂上での天気は目紛《めまぐる》しく短時間で吹雪いたり止んだりを繰り返します
足でももう少し登れるみたいなんだけど
道が吹雪で閉鎖してたよ
休憩処もあり温かい物を食べて暖を取ります
小鳥がじっと耐えておる…！
こんな高所でもたくましく生きてるんだなぁ…
そろそろバスの時間じゃない？
そうだよね降りようか

ロープウェイは1日4千人限定で運行しています。乗り場は麓とは言え、3356mもあり、富士山の8～9号目あたりの高さがあります
うっひょー
約1200mの高さを往復し景色をゆっくり楽しみます
視界良好、晴れたら最高の空の旅です!
あっ動物の足跡があるよ!
パンダかな?
いやぁ楽しかったね～
これからごはんだって
雲南はごはん美味しいよね
重慶には敵《かな》わないけどね～
まぁね
す、すごい崖の上に家…!

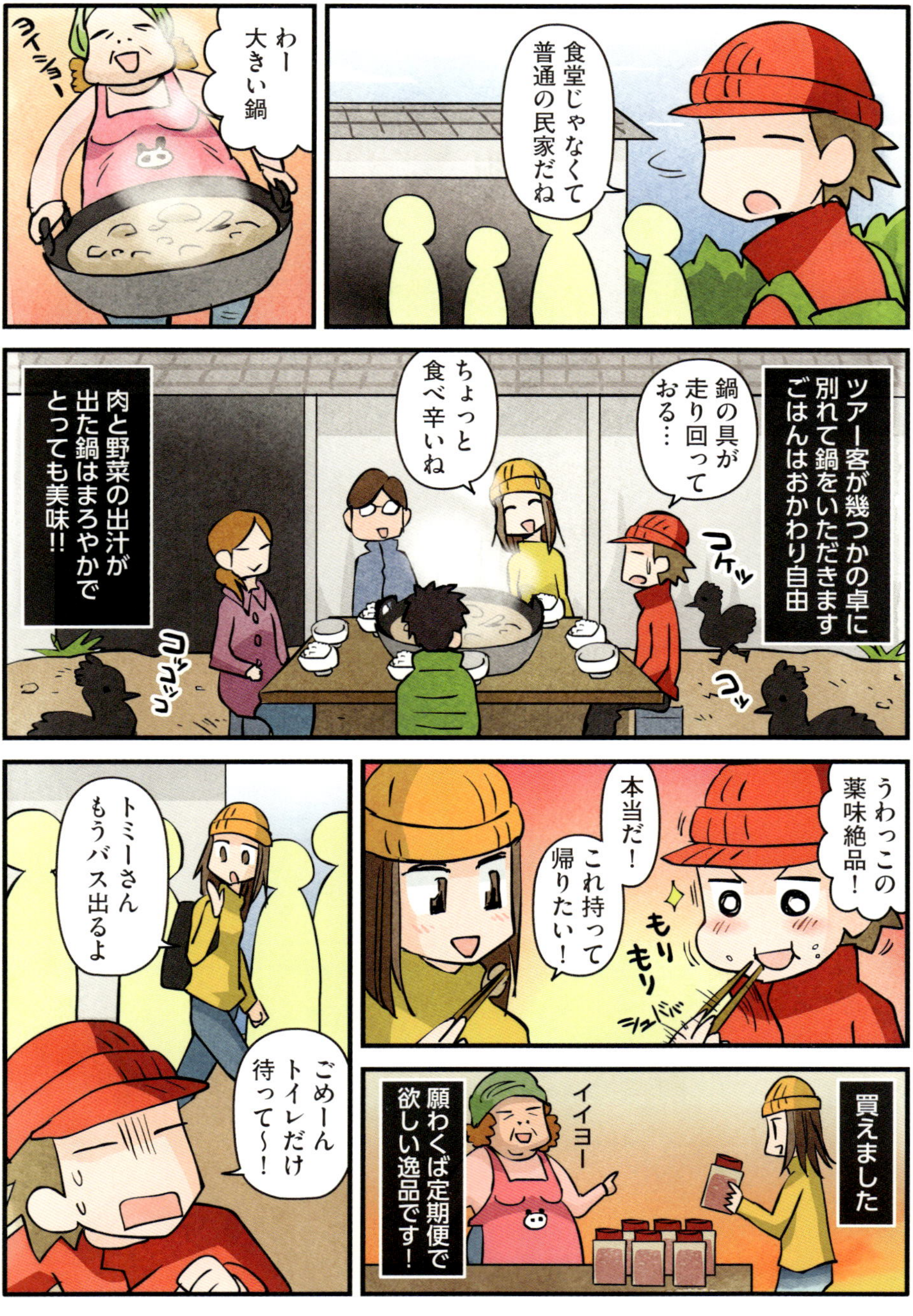
食堂じゃなくて普通の民家だね
わー大きい鍋
ヨイショー
ツアー客が幾つかの卓に別れて鍋をいただきます ごはんはおかわり自由
鍋の具が走り回っておる…
コケッ
ちょっと食べ辛いね
肉と野菜の出汁が出た鍋はまろやかでとっても美味!!
コッコッ
コッ
うわっこの薬味絶品!
本当だ!
これ持って帰りたい!
もりもり
シュババ
買えました
イイヨー
願わくば定期便で欲しい逸品です!
トミーさんもうバス出るよ
ごめーんトイレだけ待って〜!

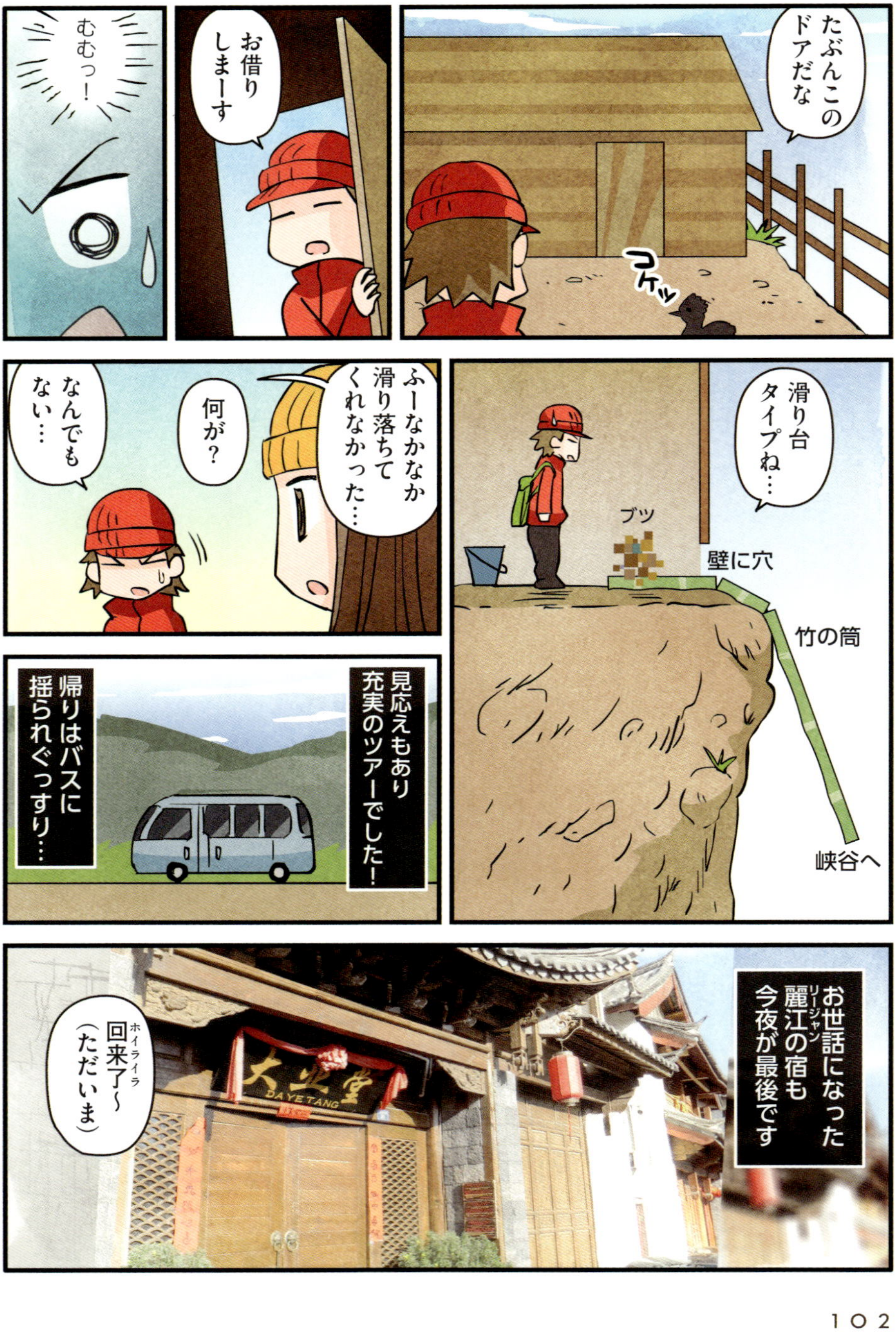
たぶんこのドアだな
コケッ
お借りしまーす
むむっ！
滑り台タイプね…
ブツ
壁に穴
竹の筒
峡谷へ
ふーなかなか滑り落ちてくれなかった…
何が？
なんでもない…
見応えもあり充実のツアーでした！
帰りはバスに揺られぐっすり…
お世話になった麗江《リージャン》の宿も今夜が最後です
DAYETANG
回来了《ホイライラ》〜（ただいま）

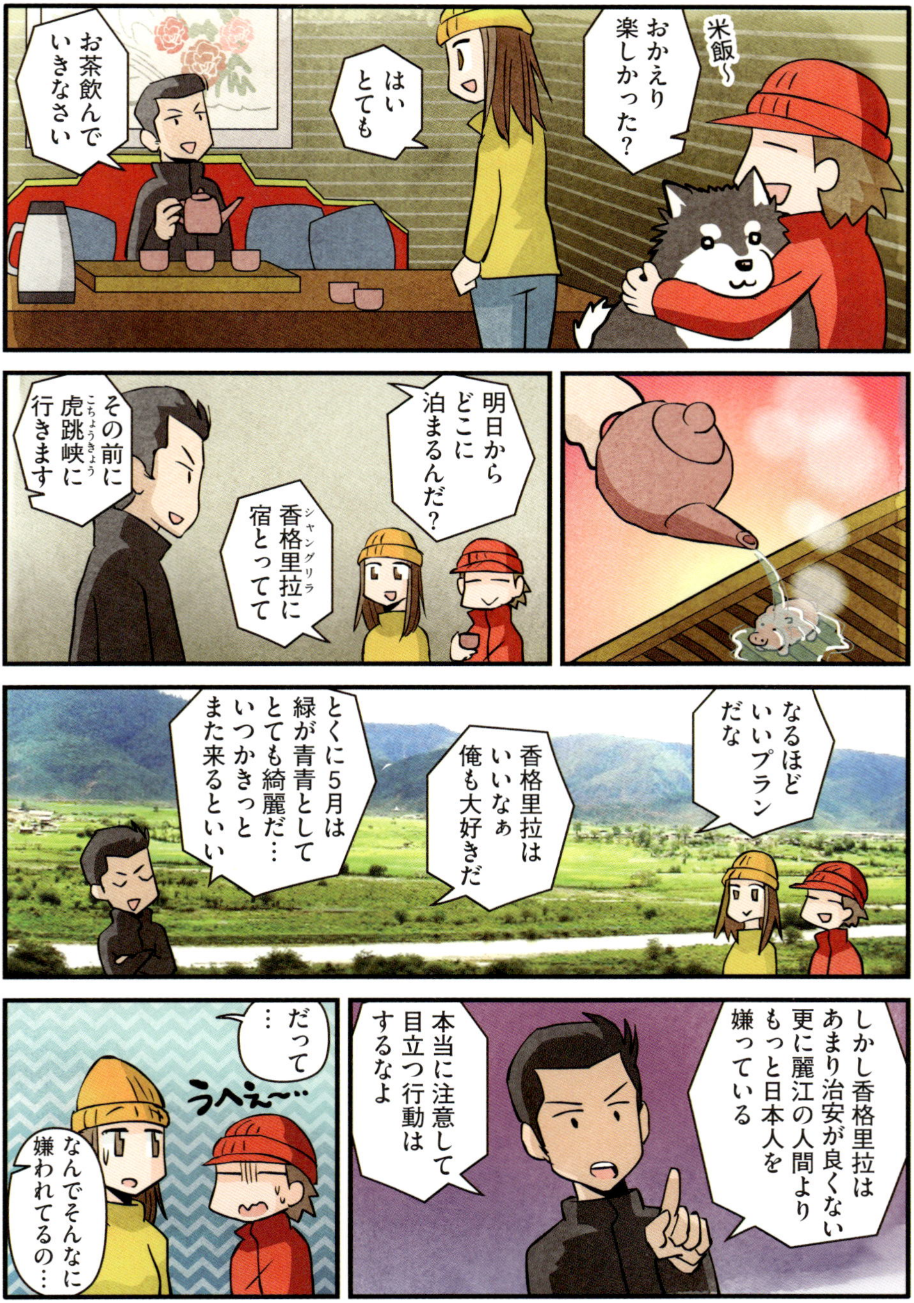
米飯〜
おかえり 楽しかった？
はい とても
お茶飲んで いきなさい
明日から どこに 泊まるんだ？
香格里拉《シャングリラ》に 宿とってて
その前に 虎跳峡《こちょうきょう》に 行きます
なるほど いいプラン だな
香格里拉は いいなぁ 俺も大好きだ
とくに5月は 緑が青青として とても綺麗だ… いつかきっと また来るといい
しかし香格里拉は あまり治安が良くない 更に麗江の人間より もっと日本人を 嫌っている
本当に注意して 目立つ行動は するなよ
だって …
うへぇ〜‥
なんでそんなに 嫌われてるの…

翌朝
駅前のターミナルに行き、虎跳峡《こちょうきょう》行きのバスに乗りました
ふわ〜朝ごはん食べられなかった〜
パンくれるんですか？
やさしい
わぁ謝々!!
バスはどんどん山深く走ります
虎跳峡は玉龍雪山に次ぐ人気観光スポットなのですが
上虎跳、中虎跳、下虎跳と区分があり
下虎跳
中虎跳
上虎跳
金沙江
←至香格里拉
その中でも自分の足でしか行けない中虎跳に行くことにしました
足場は良くありません
うわぁこれは普通に登山コースだね

中国人の観光客でもあまり来ないレアなポイントらしいですが
この峡谷を見下ろす景色を知ったら絶対に来ずにはいられないでしょう！
うわ〜すごい景色!!
冒険してるなぁ〜！
こんな絶壁の道も歩きます。楽しい！
崖の壁面をくり抜いた道
ひゃ〜落ちたら死ぬ〜！
ヨボヨボ

吊り橋を渡って
中虎跳峡！
この谷の崖から崖を虎が跳びながら渡ったという言い伝えからこの名前になったそうです
中虎跳峡
更に
勇者雲梯？何これ
168勇者雲梯
近くに色々な勇者雲梯があるみたいだけど…
こ、これか！ほぼ垂直のハシゴ！
これ登らないと進めないのね
注意安全
よし！
登るコツは下を見ないこと！
こわい…
がんばれー

上虎跳峡
中虎跳峡を踏破した後は車でも行けるメジャーな上虎跳峡へ移動
一番観光客が多くド派手な瀑布《ばくふ》があるポイントです
虎跳峡
ドッバアァ
ァアア
ザシャ
アァァ
ァ
ここは河幅的にも水圧的にも流石に虎でも流されると思うんだけど
まぁまぁ中国人は伝説好きな民族だからね
ネコ科は水に弱いイメージですが
水辺に住む虎は泳ぎが得意らしいですよ
ざぶ

とか言ってたら香格里拉行きのバスなくなっちゃったよ
どうしよう…暗くなる前に着かないと…
タクシーは全然通らないね…
わっ、いつの間にヒッチハイクしたの!?
ウィーン
しかもガラ悪!!
怖い顔してるでも見た目で人を判断するなんて良くないいい人かもしれない人さらいにしか見えないくらい人相悪いけど本当はお花と甘い物を愛するロマンチストかもしれないでも私にはお友達を守らないといけない責任があるでも香格里拉には行かないと宿の予約もしてるしそもそも野宿になるかもしれな
あれ、行っちゃったよ…?
うん、なんか顔が怖いから断った
あ、そう…

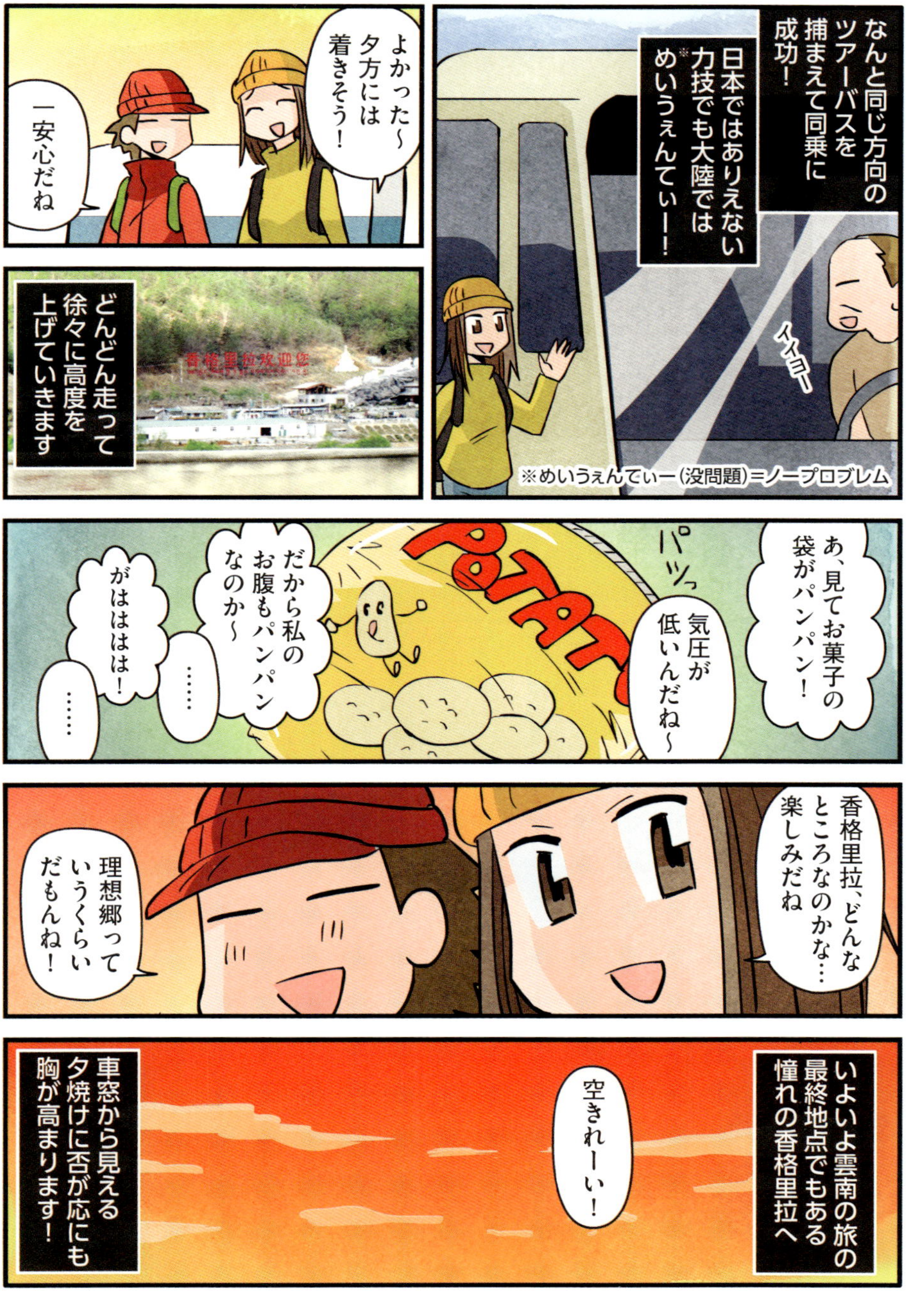
なんと同じ方向のツアーバスを捕まえて同乗に成功！
日本ではありえない力技でも大陸では※めいうぇんてぃー！！
イイヨー
※めいうぇんてぃー（没問題）＝ノープロブレム
よかった～夕方には着きそう！
一安心だね
香格里拉欢迎您
どんどん走って徐々に高度を上げていきます
あ、見てお菓子の袋がパンパン！
パツっ
POTATO
気圧が低いんだね～
だから私のお腹もパンパンなのか～
……
がはははは！
……
香格里拉、どんなところなのかな…楽しみだね
理想郷っていうくらいだもんね！
いよいよ雲南の旅の最終地点でもある憧れの香格里拉へ
空きれーい！
車窓から見える夕焼けに否が応にも胸が高まります！

ざっくり玉龍雪山について

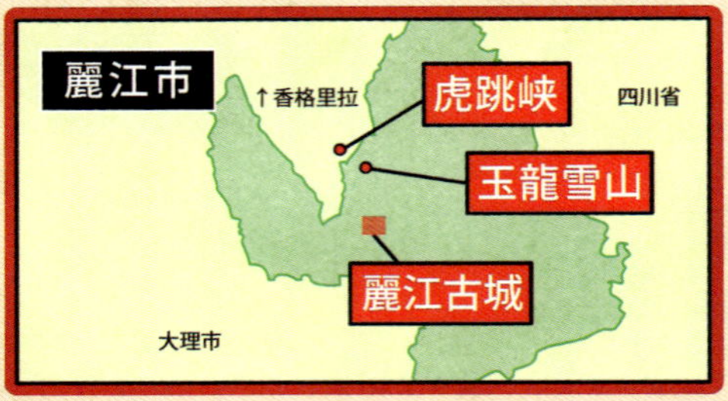

玉龍雪山とは
Yu long xue Shan

麗江古城から20kmほど北上すると玉龍雪山風景区です。この山はナシ族が古くから神の山として崇め、厳しい入山規制を敷いたことにより誰も登頂した事がありません。更に、中国国家が掲げる美景地区の最高ランク、5A級の絶景なんですね～。更に10kmほど北上すると、藍月谷というこれまた絶景ポイントがあり、いずれも世界遺産「雲南の三江併流保護区」の一角です。南北約35km、東西約13kmに渡り13の峰があり、山頂の標高は5,596mあるそうです！

吹雪の合間に撮った一枚です。ロープウェイの乗り場の標高は3,356mで終着点はなんと標高4,506m!! その高低差は1km以上。世界第2位を誇る高さだそうです。高山病&寒さ対策は万全にして挑みましょう！赤いベンチコートは貸してもらえます。

藍月谷とは
Lan yue gu

玉龍雪山東麓から流れ込む氷河の雪解け水から生まれた藍月谷。イギリスの作家ジェームズ・ヒルトンの小説『失われた地平線(Lost Horizon)』に登場する蒼い月の谷に似ていることから「藍月谷」の名がついたと言われています。エメラルドグリーンに輝く湖面は、「小九寨溝」とも呼ばれ人気の観光スポットです！

ざっくり 雲南の食べ物

鍋物

雲南省は牛肉の加工や料理が盛んです。専門のお土産屋さんや鍋料理のお店が軒を連ね、牛の骨や干し肉が軒先にぶら下がる光景は雲南さながら。旅行した期間が寒い時期だったのもあり、滞在中は鍋料理をたくさん食べました。

好吃！

←麗江のお店で食べた牛肉鍋。
甘めの出汁にトマトや
薬物野菜烏骨鶏の肉など盛り沢山！

崖の上の民家で食べた鍋料理。
ワイルドな見た目ですがめちゃくちゃ
美味しいんです。自家製薬味も最高！↓

↑
米粉も勿論食べました！
出汁が美味しいのか
雲南の米粉は絶品♪ →

烏骨鶏の頭がまるごと！
じっくり煮込まれているので
トサカまで食べられます↓

好吃！

←香格里拉の宿で食べた鍋
スープが美味過ぎて一滴も
残すまいと、水筒に入れて
持ち歩きました(笑)

ざぶ

あこがれの
シャングリラ!!

※ホテルの名前

香格里拉《シャングリラ》の朝
※蓮花別院客桟《れんかべついんきゃくさん》
街の標高は3千mを超えています
はっ
夜はなんとマイナス17℃になりますが
ふぁーよく寝た！
ベッドは電気毛布でぽかぽかです
※早上好《ザオシャンハオ》〜
トミーさんおはよ
朝食は専用の食堂で戴《いただ》きます
薪ストーブあったか〜
室内は全然寒くないね
パチパチ

※おはよう

雰囲気があって いい宿だね
この建物 築300年 なんだって
えー すごい！
※老板《ラオバン》が ネットの評価 星5個でお願いいね って言ってる
タノムヨ〜
宿付近の街並みは 土壁の家、積まれた 干し草、歩き回る 犬猫に鶏や豚まで
今日はバスで 小ポタラ宮に 行くんだよね
バス乗り場まで 10分ぐらいいね
野良なのかペットなのか 家畜なのか…とにかく 動物たちがウロウロしています
街やお寺に張り巡らされた タルチョという祈祷旗は 青白赤緑黄の順に並び、 天風火水地をそれぞれ 表しているそうです
街の人は 仕事に 出かけ
私も散歩の 仲間が増えたり
ついて くるよ

※社長（orオーナー）

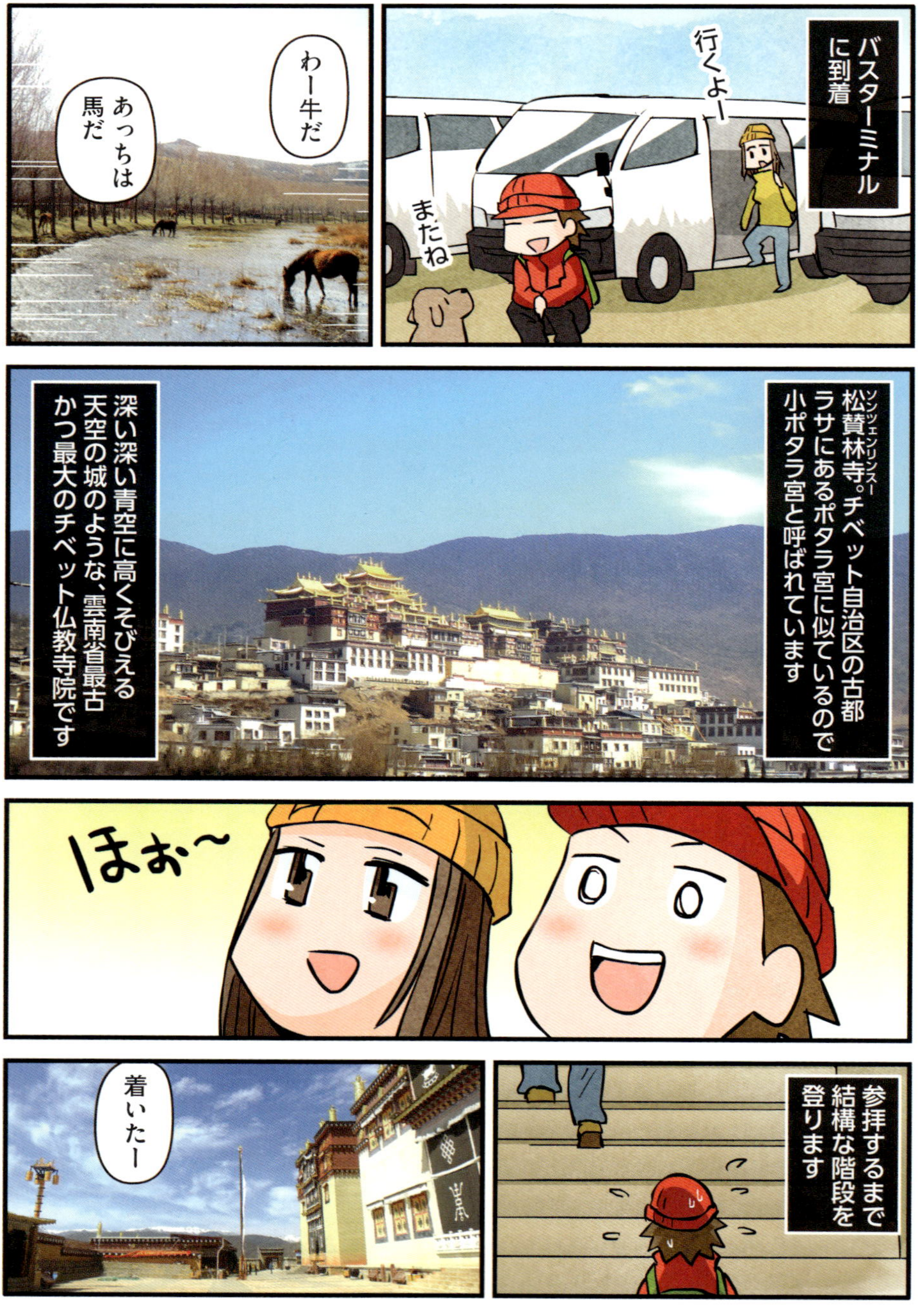
バスターミナルに到着
行くよー
またね
わー牛だ
あっちは馬だ
松賛林寺《ソンツェンリンスー》。チベット自治区の古都ラサにあるポタラ宮に似ているので小ポタラ宮と呼ばれています
深い深い青空に高くそびえる天空の城のような、雲南省最古かつ最大のチベット仏教寺院です
ほぉ~
参拝するまで結構な階段を登ります
着いたー

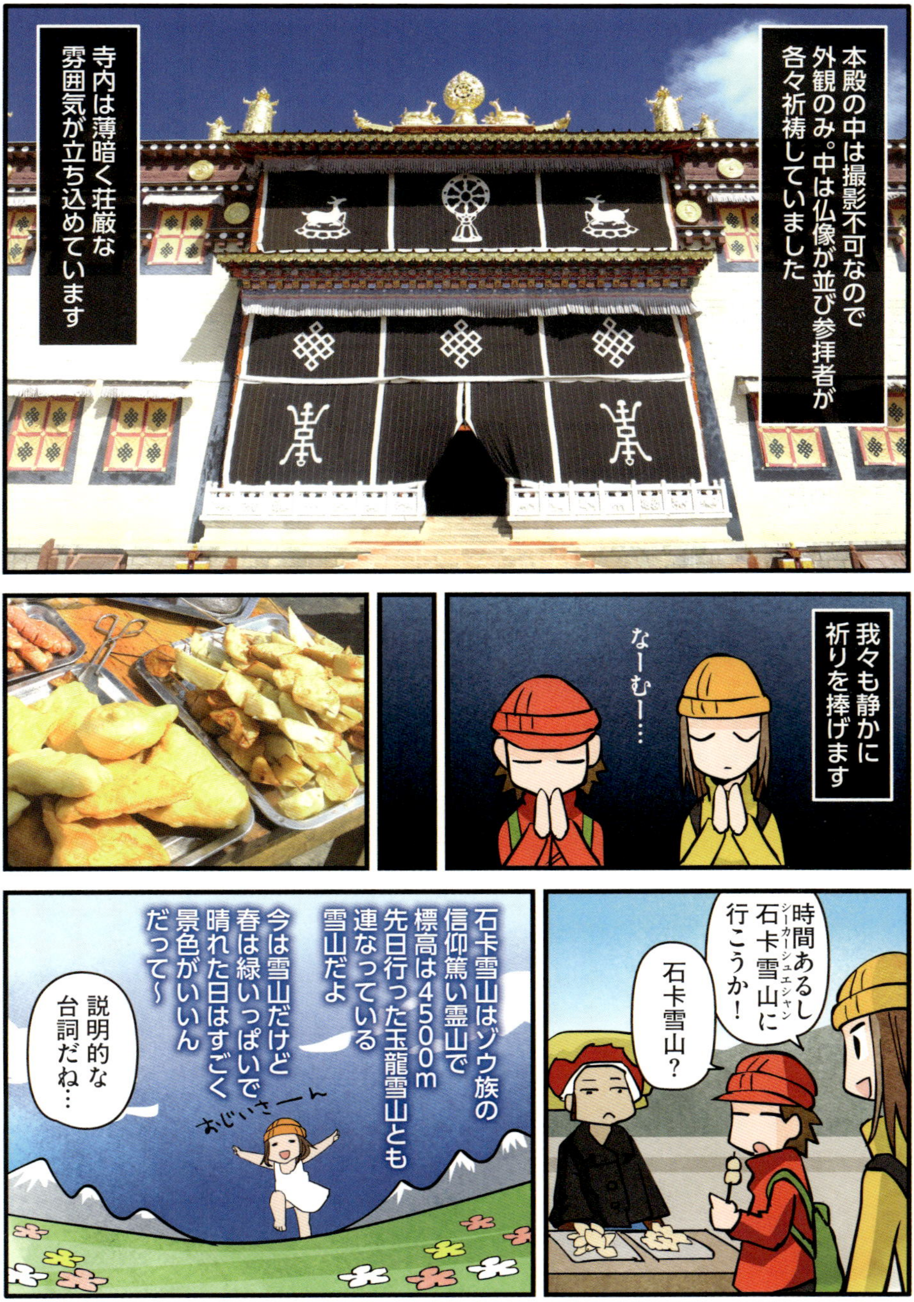
本殿の中は撮影不可なので外観のみ。中は仏像が並び参拝者が各々祈祷していました
寺内は薄暗く荘厳な雰囲気が立ち込めています
我々も静かに祈りを捧げます
なーむー…
時間あるし石卡雪山《シーカーシュエシャン》に行こうか！
石卡雪山？
石卡雪山はゾウ族の信仰篤い霊山で標高は4500m先日行った玉龍雪山とも連なっている雪山だよ
今は雪山だけど春は緑いっぱいで晴れた日はすごく景色がいいんだって〜
説明的な台詞だね…
おじいさーん

屋台でおやつを買う

ロープウェイ乗り場までの道がかっこいい！
ゲームの中の景色みたい！
賢者になれるかも
ダ○マ神殿でクラスチェンジ
何…その格好
座ってれば山頂に着くなんて便利だね〜！
富士山も作ればいいのに
うわ〜すごい景色だ!!
香格里拉《シャングリラ》って空の青が濃いんだよね〜
頂上は道が整備されて散策しやすく、いつもより近い青空と霊峰の眺めを堪能
香格里拉に高山病はつきもの。麗江《リージャン》などで体を慣らしておくのが良いです
香格里拉
蓝月山谷・石卡雪山
4500米

宿でお鍋の夕食
美味しい〜あったまるね〜
色んな出汁が出てるね〜！
バク バク
このスープが美味しすぎて永遠に飲んでいたいよ…
チャポ
水筒持っててよかった〜！
さっすがたくちゃん
歩きながら飲もう！
星5個頼むよ！
大亀山公園
あのでかい塔みたいなの何？
見に行こうか

これはマニ車と言って側面にマントラが刻まれており、回転させると読経と同じ功徳があるとされています
おお〜巨大！
手に持つサイズが普通の
手すりがついてる
これで回すんだ！
ビクともしないけど…
ぐぎぎ…
一人の力では足りないからみんなで回すんだよ
なるほど
ほら回った！
共同作業で祈るってのがイキだねぇ
ゴロン
ゴロン
ゴロン
ゴロン
ゴロン
しかしこれ、奴隷が回してる謎のゴロゴロそのものだね
奴隷たちは祈りを捧げていたのか…？
なるほど…

旧市街を散策します
薔薇のお茶買ったよ
いいね～
楽しげな音楽が…?
わっ何これ
野外レイブ?
よくある健康体操的なやつかな
音楽も土着の民謡っぽいね
混ざってみようよ
よっ はっ
ほい あれ

いや〜なかなか難しい！
ほっほっ
トミーさんうける！
あはははは
数日の滞在でしたがチベット文化の片鱗を味わえました
私も踊ろ！
うまいじゃん！
自然と調和し、祈りを捧げながら生きる人々の真摯な暮らしがそこにありました
空港
售票厅
TICKET OFFICE
あっという間だったね〜
楽しかったなぁ
あの人たちはゾウ族！
衣装でなんとなくわかるようになったぞ

中国ってほんと広くて面白いな
いろいろな面がありすぎて一言に言い表せない
一口食べる？カップラーメン
はおち〜！
ズバ
食べ過ぎ！それ一口じゃないよ！
次はいよいよ西安だよ！
8L9839
西安Xi an
19
办票时间 Check-In 17:30-19:00
登机口 Gate No 1 号
状态 Status
乘机手续 Check-in
19
楽しみだね〜
じょうさんの結婚式に参列できるなんて感激だなぁ
ホロリ…
おじさん泣いちゃうかも…
うろおぼえ
二人の歴史があるもんねぇ
いよいよ今回の旅のメイン西安に飛びます
どんな結婚式が待ってるのでしょうか…

ざっくり 香格里拉について

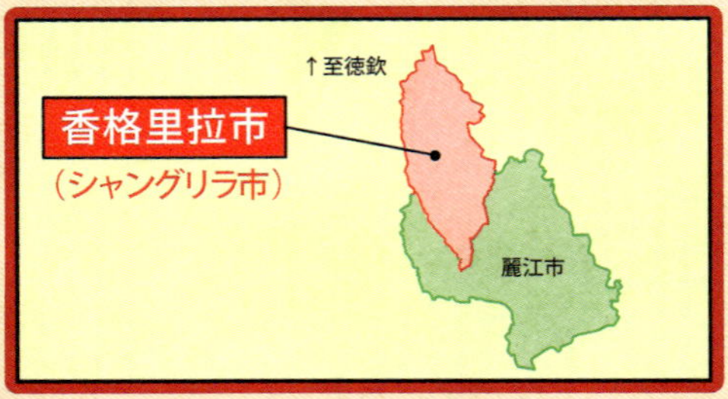

香格里拉《Xianggelila》とは

シャングリラ市（香格里拉市）は、雲南省デチェン・チベット族自治州に位置する県級市です。チベット語でギャルタンと称され、チベット文化圏の南東端に当たり、北は徳欽（ジョル）、南は麗江を連絡する交易路となっています。

名前の由来

藍月谷を紹介した際に、ジェームス・ヒルトンの『失われた地平線（Lost Horizon）』という小説を引用しましたが、実は香格里拉もこの本から由来しています。チベットの未知の地域が舞台であることや、ミステリアスな僧院の登場などからヒマラヤ奥地の楽園として「シャングリラ」という言葉は有名になり、2002年に元の名前である中甸県（ちゅうでんけん）から香格里拉県に改名され、2014年には香格里拉市になりました。作品ありきで地名を変えるなんて面白いですね！中国らしいと言うか（笑）

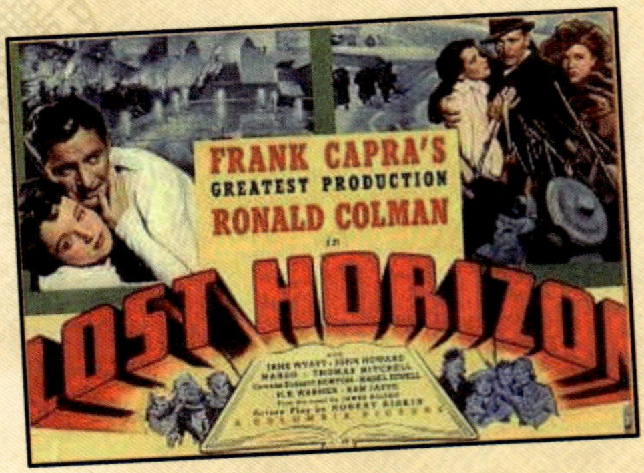

当の小説は1933年に発表され、1937年には映画にもなり第10回アカデミー賞2冠に輝いています。この原稿が終わったら私も視聴してみたいと思います！

ちょっぴり チベットについて

西藏《Xi zang》

大陸の西南部2分の1程度を占める部分に対する、中国語による呼称として成立した、全チベットを総称する地域概念の用語です。

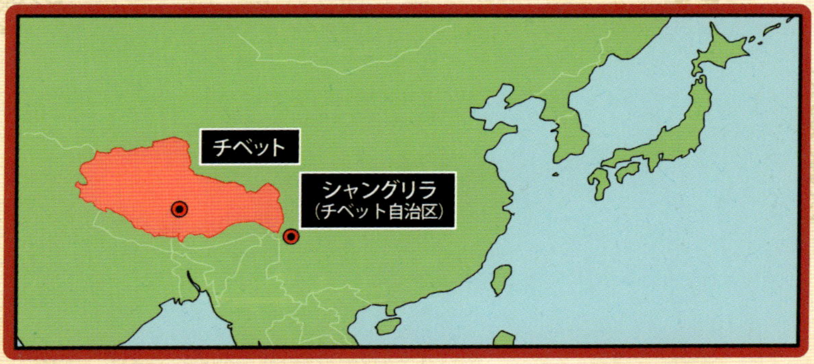

こうして地図で見ると結構広大な面積を占めてますね、チベットの領域とほぼ等しいチベット高原は、世界最大級の高原だそうです。これに、シャングリラのような中国領に内包されるチベット自治区があり、それらを西藏自治区と呼びます。

行き方

チベットの主要都市ラサに入るには、ビザとは別に入境許可証が必要となり、その手配は旅行会社と全旅程の申請、ガイド同伴かつ車での移動など、複雑困難を極めます。そういった手間がかからずにチベット文化に触れられるのが、チベット自治区である香格里拉なのです。いつかラサにも行ってみたいですけど、現地の情勢により申請方法などが突如変更されたりするようなので、注意が必要ですね！

ダライ・ラマ法王

独立国家だったチベットは、1949年中国政府による侵略により多くの人々の命を奪われ、文化大革命(1967-1976)などによる宗教弾圧では多くの僧院や宗教芸術品が破壊されました。チベット政府(ガンデンポタン)は1950年に全政治的権限をダライ・ラマ法王に委任しました。ダライ・ラマ法王は、チベットの自由化の為に非暴力による闘争を選択し1989年にはノーベル平和賞を受賞されました。各国から非難されている漢民族によるチベット弾圧ですが、現在も問題は解決していません。ダライ・ラマ法王の写真を所持する事も許されず民間人が逮捕された例もあります。私も一外国人として一刻も早い問題解決を願うばかりです。

第14代ダライ・ラマ法王

じょうさんの
結婚式!!

西安某所 結婚式前日 夜11時頃
じょうさんの家の近くに到着しました
謝謝《シエシエ》～
じょうさんに電話入れるね
もしもし、じょうさん？
あっとみーサン お疲れ様デス 心配してたんデスよ～
ごめんね ディレイ《遅れ》しちゃって
うん、少しお腹空いてるけど…
うん、うん、
わかった！ありがとう
ローカルだけど近くに美味しい店あるって
へぇ、行ってみよ！

たぶんここだ
地元の人で賑わってるね
ダン
がははは
わい
ゴブー
サイコロ一気だ～
あれ私もやったなぁ
はは…
わい
※中国あるある：サイコロゲームで一気飲み
定番の各種串焼きに
茄子の麻辣焼き
うん！確かに美味しい！
炒飯いってみよう

ぱく
ぱく
ぱく
…
?!
ぱく
ぱく
なんだ…この…
炒飯!!
めっちゃくちゃうまい!!
ぱく
ぱく
レンゲが止まらない止まらないよォオオオ
ぱく
ぱく
この炒飯なんかヤバい!!
ぱく
ぱく
ジャー
ジャー
ジャー
※中国あるある：調理中くわえタバコ
あれなんかイケナイもの入ってない？
しあわせ…
入っててもいいよ…どうでも…
とにかくじょうさんに感謝だよ…
翌朝
じょうさん実家
おはようございまーす
早上好《ザオシャンハオ》～
じょうさんお邪魔しますよ
…には…、

おびただしいカメラマンが…
とみーサン！お疲れ様デス！
バシャ
バシャ
バシャ
す、すごいねカメラの数
バシャ
バシャ
一生に一度デスからネ
あ、ジェイソンが到着したみたい
メガネがいっぱいいる（笑）
西安の結婚式は伝統に則った風習があります
さぁ張り切ってどうぞ！
司会の人
新郎は花嫁の家に迎えに行き外から名前を呼びます
聶《ジョウ》雅《ガ》健《ケン》!!迎えに来たよ〜！

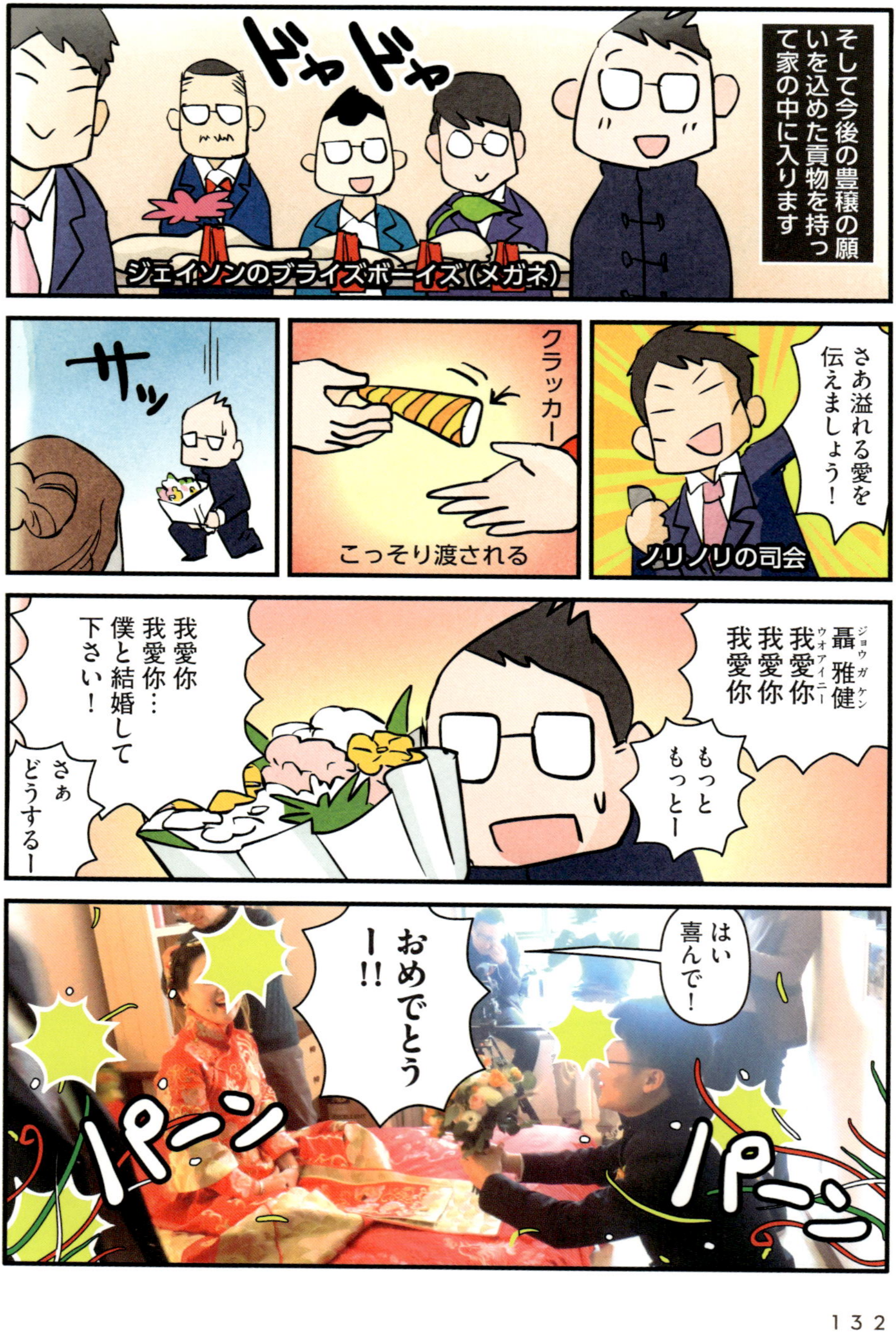
そして今後の豊穣の願いを込めた貢物を持って家の中に入ります
ドャドャ
ジェイソンのブライズボーイズ（メガネ）
さあ溢れる愛を伝えましょう！
ノリノリの司会
クラッカー
こっそり渡される
サッ
聶《ジョウ》雅《ガ》健《ケン》
我愛你《ウォアイニー》
我愛你
もっと
もっとー
我愛你
我愛你…
僕と結婚して下さい！
さぁ
どうするー
はい
喜んで！
おめでとうー!!
パーン
パーン

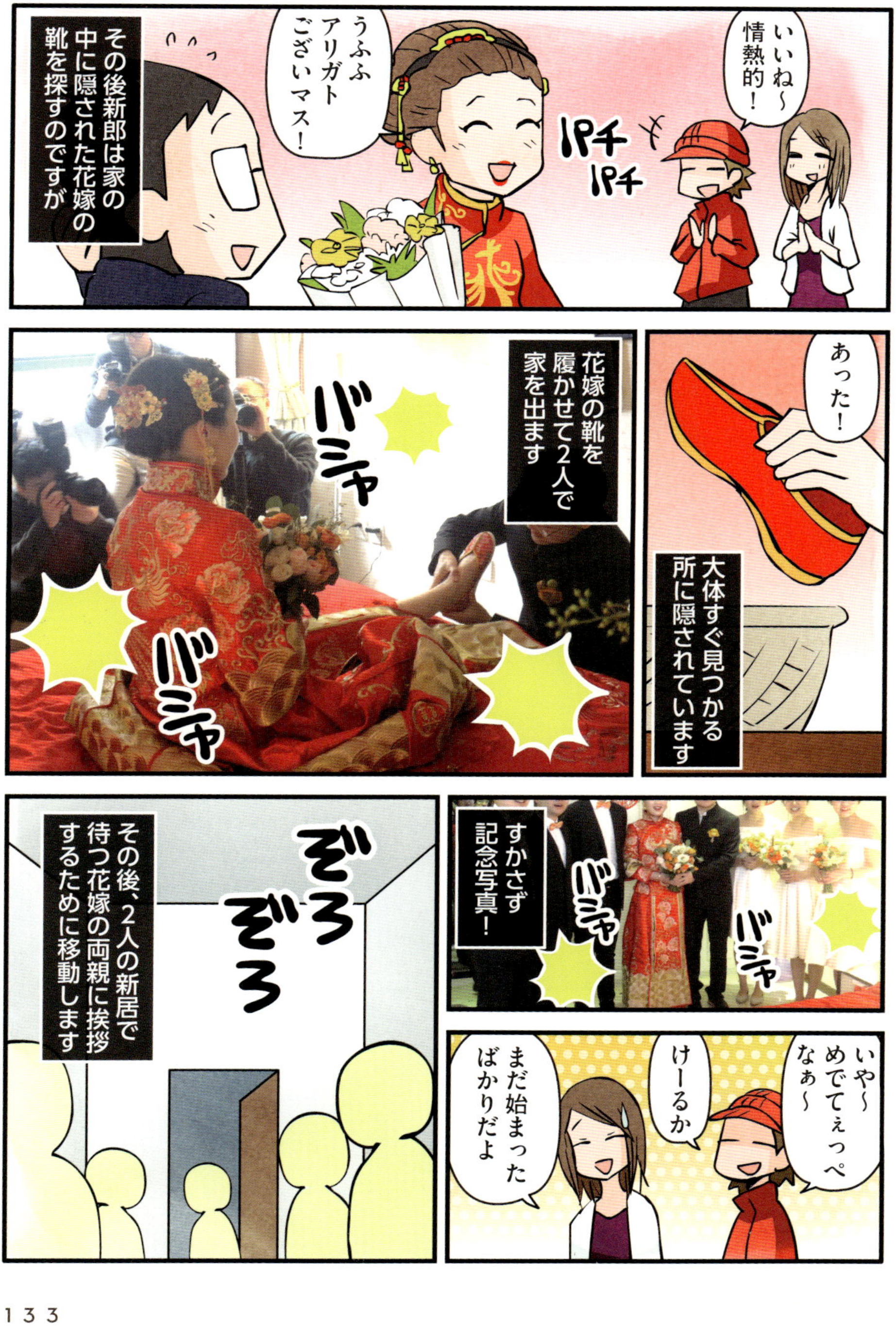
いいね〜
情熱的！
パチ
パチ
うふふ
アリガト
ございマス！
その後新郎は家の中に隠された花嫁の靴を探すのですが
あった！
大体すぐ見つかる所に隠されています
花嫁の靴を履かせて2人で家を出ます
バシャ
バシャ
すかさず記念写真！
バシャ
バシャ
いや〜
めでてぇっぺ
なぁ〜
けーるか
まだ始まった
ばかりだよ
その後、2人の新居で待つ花嫁の両親に挨拶するために移動します
ぞろ
ぞろ

うわ〜ピッカピカのいいおうち！
ん
こ、これは…
中国人が大好きな自己愛写真の数々…！
我的天!!
鋼っ！…
鋼の自意識！…
ともあれおめでとう♡
末長くお幸せに♡
お父様お久しぶりです！
トミーさん！遠いところどうも！
じょうさんのお父様

そして新居で撮影タイム…
バシャ
バシャ
バシャ
バシャ
バシャ
じー
わぁ小さい花嫁さん！
おばさんと結婚する？
恭喜
ザーーン…
走って逃げなくても…
トミーさん幼女に何を…
ダー
とみーサンこれから披露宴会場に移動しマス
私の友達の車に乗ってくだサイ
にーはお
よろしくー
かなり郊外に行くんだね
市内の会場じゃお客さんが入らなかったんだって

郊外の巨大な要塞のような会場
どーーん…
うわ〜コンサートホールみたい
トミーさんあれ…！
なんのイベント？
バシャ
バシャ
バシャ
ガーーン
じょうさん!?とプレスの人…芸能人みたい！
テレビ局入ってるの？
バシャ
バシャ
バシャ
バシャ
こっちが会場か…
なんか花道がある！
色々とすごいね

※トミーさんとじょうさんが勤めていた西安のアニメスタジオの別部署にいた日本人スタッフです。

なんかいっぱいきた――!!
バーーン
オホホホホ
オホホホホ
女子十二楽坊的な人たち…
前面のスクリーンにインタビュー映像!?
ババーーン!!
情熱大陸…!?
な、なんて言ってるの?怖い…
大丈夫!大したことは言ってないから…
ガタガタ
ヨボヨボ
誰――!?
中国の有名な書家が2人に書を贈ったって言ってる
市長さんも挨拶してる
そうなんだ…すごいね…

アピールの渋滞…！
あぁ‥
僕、悪酔いしそうです…
バッン
バーーン
パッ
パッ
ババーーン
キリ！
たっ

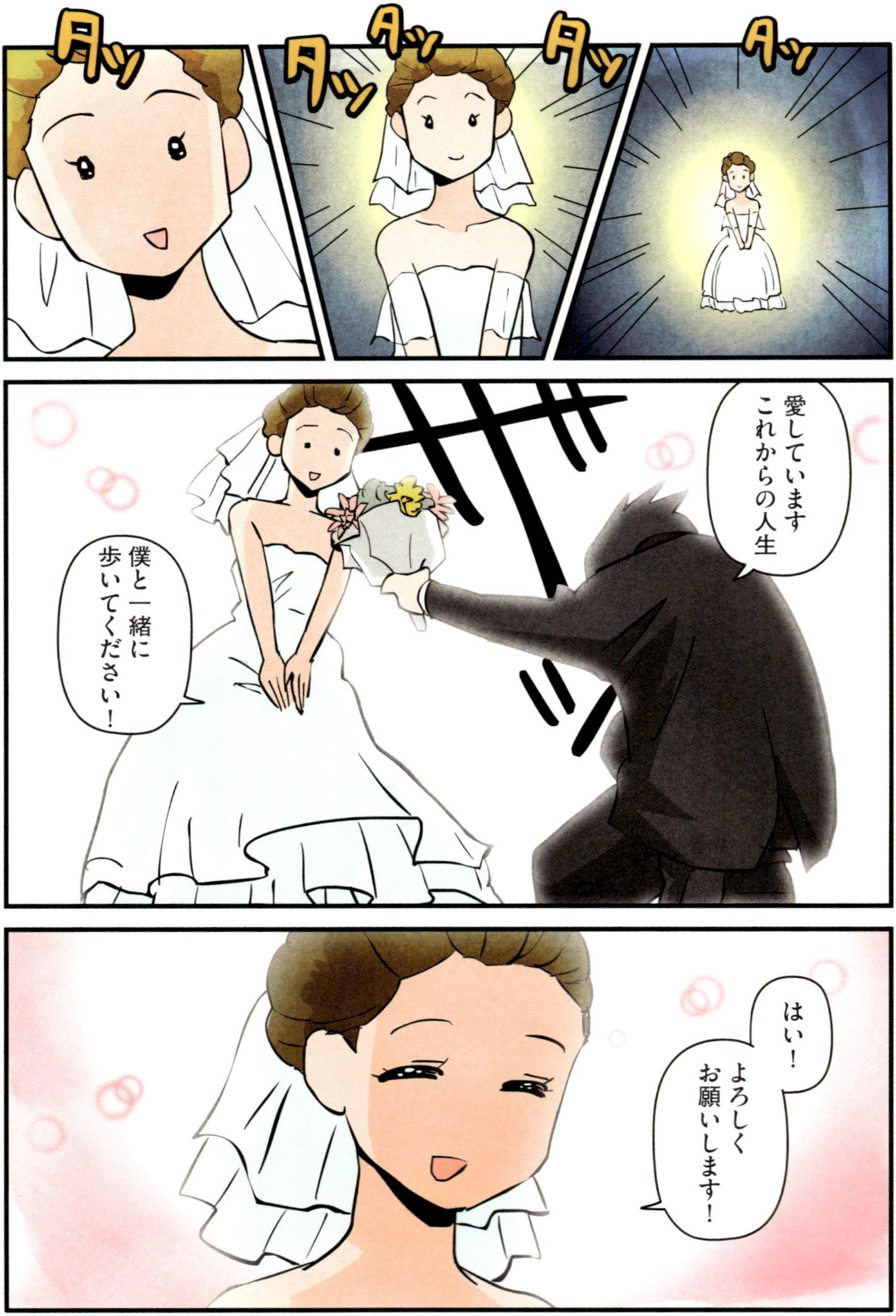
タッ
タッ
タッ
タッ
タッ
愛しています
これからの人生
ザッ
僕と一緒に
歩いてください!
はい!
よろしく
お願いします!

わぁ〜〜
パチ
スピーチ中は食事タイム…
パクパク
モグモグ
スクリーンには輝く2人のスライドショー
そしてお色直しへ
あっ幼女!
手振ってくれてる!

※関さんの上司です。

※中国の結婚式は延々と続きます。

ここの火鍋いまいちだね
重慶で本場の火鍋食べちゃってるからな～
それにしても昨夜の炒飯は最高だった…
ポワワワァ～ン
本当に美味しい店はガイド本に載らないんだね
しかしバブリーな式だったね
スイッ スイッ
たくちゃんもああいうの憧れるの？
私は地味婚でいい派！
でも結婚指輪は5カラットのダイヤモンドがいいかな！
5…？
そ、そうなんだ…
しかしメインイベントが無事に終わって良かったね
だから、明日またあの炒飯食べに行かない？
たくちゃんは食べることばっかりだね…

ざっくり 中国の結婚式について

おめでとう!

じょうさんが結婚しました!前作の「なんで私が中国に!?」では2010年にじょうさんが新卒でP社に入社し、一緒に仕事をするという内容を描かせてもらいましたが、その6年後の2016年、宣言通り完璧な相手と完璧な結婚を果たしたじょうさん。本当に感慨深いです。こちらのページでも、心から祝福させて頂きます!更には日本人にはあまり馴染みがない中式の結婚式も紹介させて頂きますよ!

文化・風習

今回紹介させて頂いた結婚式は西安の物ですので、これを一概に中国の結婚式とは言えないのですが、数ある省、村、集落で異なる習慣の一つとして楽しんで頂ければと思います。まず、近年の結婚式では定番になっているブライズメイズ。彼・彼女たちは新郎新婦の旧知の友で、式の親族イベントもほぼ全て参加します。

迎亲(インチン)…

新郎を新婦側のブライズメイズが待ち構え、色々な嫌がらせ(?)をしてくるのですが、それらのゲームを乗り越えないと新婦に会えませんよ、というお約束の儀式のような物です、高岡さん曰く猿芝居ですね(笑)
漫画には描きませんでしたが、ジェイソンはじょうさんの部屋に入る前に、凶悪な足ツボマットの上で何度もジャンプさせられていました!他に激マズジュースを飲まされたり、口汚く罵られたり、(勿論プロレスです)地方によって色々なゲームがあるようです。迎亲は、比較的メジャーな催しではないでしょうか。漫画で描いた愛の宣誓も、迎亲のゲームの一つです。また、場を盛り上げて仕切る司会者も重要な役目を果たしています!お金持ちの結婚式であればあるほど、司会者に求められるエンターテイナーとしてのレベルは高くなります!

婚车（フンチャー）…

派手に花で飾られたベンツやBMWなど、これでもかという高級車で隊列を組み、新郎は新婦を迎えに行きます。どんだけ！？と思いますが、これらの車はレンタルするのが一般的。
とは言え1台につき10万円前後…ですがそこはやはり面子を大事にする中国人、ケチケチせずに使うとこではドカッとお金を使います。日本人の感覚だと、数十分しか使わない車に何10万円も使うと思うと膝から崩れ落ちそうになりますが、中国人男子としては、ここは男の見せ所の一つなんでしょうね。

参加側の特徴…

紅包を持つようじょ

ご祝儀は、红包（ホンバオ）と呼ばれる赤い封筒に入れて渡します。200元から、600元、800元…と、偶数の金額を入れるのが縁起が良いとされています。(400元はダメ)

衣装は、特にフォーマルでなくても大丈夫です。最近は若い人はオシャレして参列するイメージですが、ジーパンTシャツ、チノパンポロシャツ、余裕でいます。黒い服さえ着なければ、特にドレスアップしなくても無礼になりません。

閉会が曖昧。これにてお開き！のような号令がないので、デザート（大抵がスイカ）がでたらパラパラと各々好きなタイミングで帰宅します。飲みたい人は、ずっと座ってます！

まとめ

参加者の席が決まっていない、出入りが自由なので誰でも参加でき、知らない人が混ざっててもわからないしそんなの気にしない、とにかく明るく楽しく騒げば没問題！というイメージがあった中国の結婚式ですが、今回はあまりそれを感じませんでした。お金持ちの式というのもあったかもしれませんが、2010年に参加した式よりもしっかりとした進行でしたし、受付もあればクロークもあり、結婚式の形も今後変わっていくのかもしれません。中国が豊かになるにつれ国民のマナーも向上し、一昔前のワイルドな「トンデモ中国」といったイメージは少しづつ薄れています。とは言え巨大な中国大陸の一面を見て全てを語ることはできません！新しく生まれる特殊な文化もあれば、残っていくユニークな面もあるでしょう。良くも悪くも、目が離せない国です！

西安の夜!!

西安市内城壁付近
回坊老碗面
でね、これから会う高岡さんは関さんの上司で…
知ってるよー
私もトミーさんの本読んだもん
トミーさん！
わー高岡さん
と関さん
お久しぶりですー
ハッハッハッ
お元気でしたかー
どうも高岡です
たくです
トミーさん何食いたいですか？
え？ザリガニ…？
ごめん僕それわかんない…
あそこのバーどうですか？

ヤンパーーーイ
いや～まさか
また西安で再会
できるとは！
結婚式
お疲れ様
でした～！
僕、参列
してないけど
あっ、そう
ですよね
写真
ありますよ
へぇ、見せて
ください
どれどれ～
あ～ちゃんと
朝から見て
きたんだ
ドーーン
この
猿芝居
靴隠すやつね～
ははは
うわぁ～
出た～！
この写真
ドドーーン
最上級の
羞恥
はっはっは

ウケますね～
さすが中国人
まぁ、自意識の
感覚はかなり
違いますよね…
一応フォロー…
式場もすごい
ですね～
はい
澤《たく》さん気を悪く
しないでくださいね
僕これでも中国人
大好きなんですよ
私も日本育ちなので
気持ちわかり
ますよ
高岡さん
もう西安何年
いますか?
そろそろ10年
近いかなぁ～
うわっ
すごい…
あ、でも今度
台湾に会社作るん
ですよ、僕もうすぐ
そっちに移るんです
へぇ!
いいですね
台湾!
なので西安は
僕1人に
なるんです
……
関さん…
まぁ西安は関さんが
いてくれるので
安心です!
はっはっはっ
僕は台湾で
頑張りますよ
環境もいいし
子供も
いるしね
へ～そう
なんですか～
お子さんも…
へぇ～
……
!?ん

ドーーン
高岡さん子供いるんですか!?
そうなんですよ～最近産まれまして結婚もしました
奥さん中国人です
はっはっは
それから急にまともな人になっちゃったんですよ…
わぁー
それは本当におめでとうございます!!
もう一度乾杯しましょう!
ヤンパーーーイ
はっはっはっありがとうございます
お酒はほどほどでね
中国人の女性気が強くないですか?
あはは!そうですねでもしっかり者なんで助かってますよ
でも、実は式がまだなんですよ
だから僕
せっかくなんで中国式の結婚式を最大限やってやろうと思って
と言いますと…
そりゃもちろん

最上級の羞恥！
あんな写真
ドーン
こんな写真
か、果敢ですね……！
おぉ…
ブルブル
本物の漢（おとこ）です…!!
フッ…
猿芝居もやります！
宣誓！
オー
オー
すごいなぁ僕には真似できない
はっはっは
関さんはその前に彼女でしょ
高岡さんの勇気を讃えて何度でも乾杯しましょう
カンパーイ
カンパーイ
パーイ
ふわぁ〜楽しかった〜
付き合ってくれてありがとうね
全然いいよ！
関さんも高岡さんも面白い人だね
あはは
日本人も大概だよね

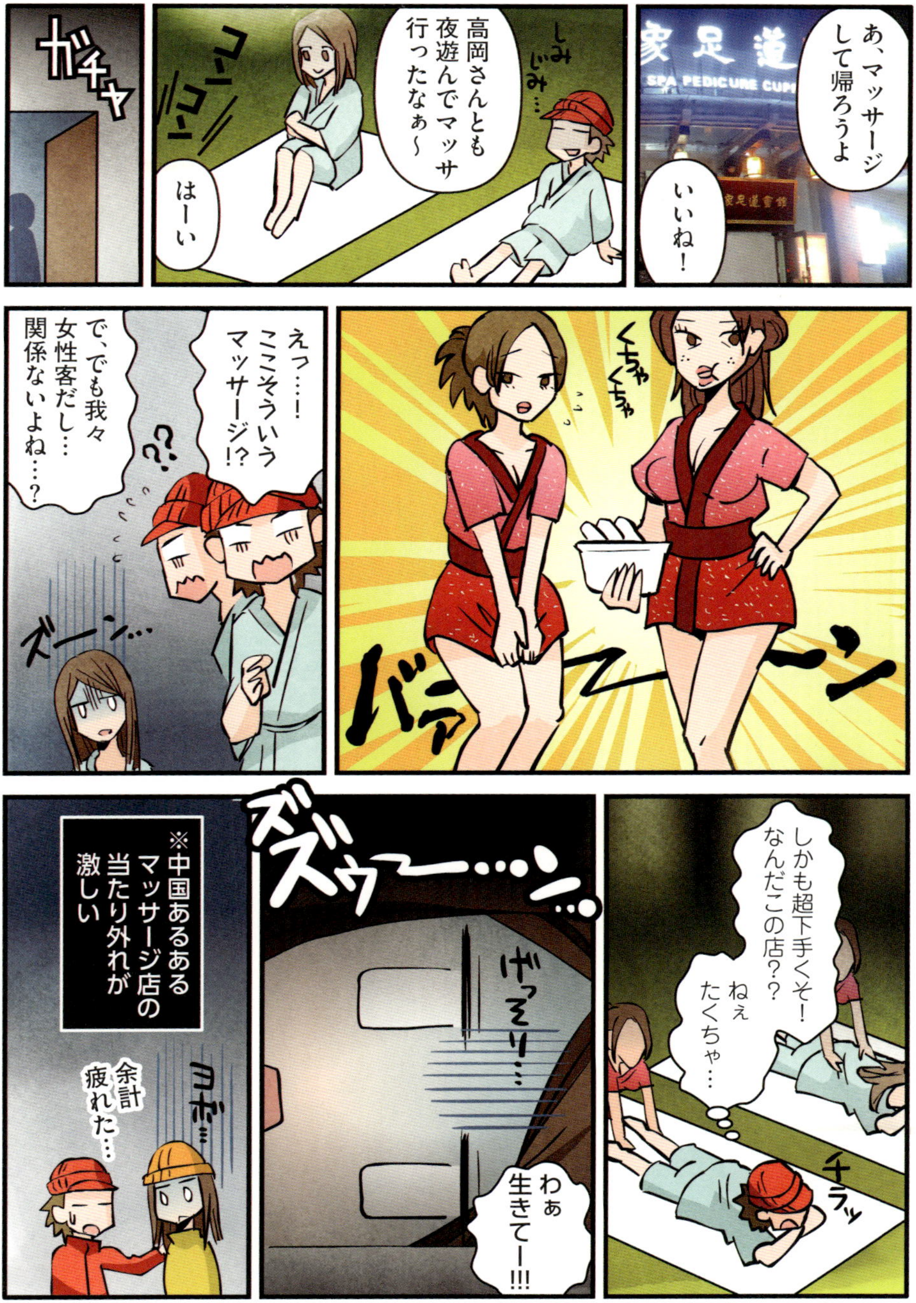
あ、マッサージして帰ろうよ
いいね！
しみじみ…
高岡さんとも夜遊んでマッサ行ったなぁ～
コンコン
はーい
ガチャ
くちゃくちゃ
バァーーン
えっ…！ここそういうマッサージ!?
で、でも我々女性客だし…関係ないよね…？
ズーン…
しかも超下手くそ！なんだこの店？？
ねぇたくちゃ…
チラッ
ズズゥ～…ン…
げっそり…
わぁ生きてー!!!
※中国あるあるマッサージ店の当たり外れが激しい
ヨボ…
余計疲れた…

結婚写真

中国の結婚式は他に、高級車で花嫁を迎えに来る婚车(フンチャー)や、红包(ホンバオ)と呼ばれる赤いご祝儀袋など、色々な特徴がありますが、象徴的なのはやはり何と言ってもユニークな結婚写真でしょう！中国内を旅行すると、至る所で男女が結婚写真を撮っているのを目にする事ができます。特に景色のいい観光地ではまず間違いなく遭遇します！近年は日本でも結婚写真を撮影する中国人カップルも見かけるようになりました。その写真技術のクオリティの高さと値段の安さに惹かれ、日本人客のオファーも増えているようです。

こんな素敵な写真が撮れるの！？と勘違いしがちですが、これらは美しいモデルさん達が被写体。参考になるかどうかは…ただ、自意識が炸裂している方や、面白い記念を残したい方にはオススメです！スタジオ内セットをバックに室内で撮影するプランで5万円くらいから、景勝地をロケハンと巡る撮影旅行プランはオーダーメイドで数十万円～と、価格と内容の幅は広いようです。加工もバッチリしてくれます(笑)

変身写真

スタジオによっては、結婚写真に限らず色々なメイクや衣装を施して記念撮影してくれ、コスプレ趣味の方などからも重宝されています。日本にもこういったサービスが増えてきましたが、台湾や中国に比べるとややお高めですね。

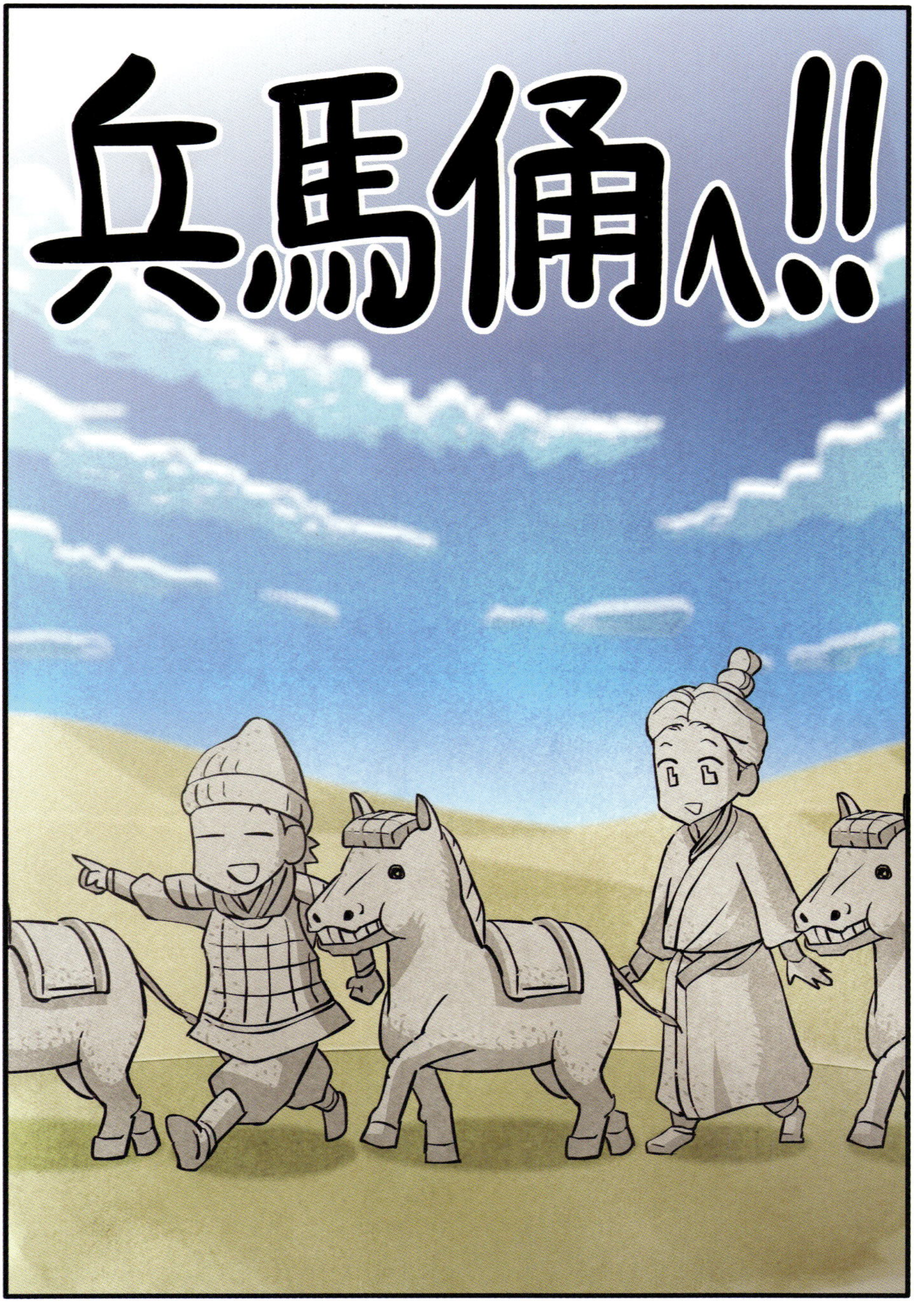
兵馬俑へ!!

兵《へい》馬《ば》俑《よう》記念館
中国では言わずと知れた超メジャー観光地です
私は西安滞在時から二度目の訪館です
秦始皇兵馬俑博物館
ズラァーーー
相変わらず整然と並んでやがるぜ…
わーすごーい
フッ…
トミーさん写真撮って～！
パシャー
あっちの建物行こうよ
オッケー

相変わらず埋まってるぜ…
フッ…
すごいねー！ 写真撮って～！
パシャ
たくちゃんが楽しそうでよかった…
フッ
へ～自分の顔の兵馬俑の写真を作れるんだって
絶対いらないね～！
真人俑像
Warrior Statue Personalized
パシャ
パシャ
パシャ
ん？

ねーたくちゃん どれも同じ顔で 同じポーズ（直立不動） なんだけど
もしかして 兵馬俑意識して たりするの…？
？
えっ いや普通に してるだけ だけど？
だってあれ 見てよ！
バッ
中国人といえば キメキメで撮影
自己顕示欲の 権化！
バシャ
バシャ
バシャ
バシャ
魅せるのは 己自身！
兵馬俑は あくまで オマケ
バシャ
カメラある所に 中国人あり
バシャ
バシャ
それなのに
創造性のカケラも ないこの写真達…！
ブルブル…
ちょ、 ちょっと！

○○人で括《くく》るのはナンセンスだって話したじゃん！
ポーズが取れない中国人がいたっていいでしょ！
まぁ、そうかもだけどこれは度が過ぎるよ
閑話休題
それ言ったらトミーさんは自分の写真撮らなすぎ！
一緒にも写らないし
自分の顔なんて残しておかなくていいじゃん…
私は思い出を残したいの！
ビシ!!
広場には桜が咲いていました
中国の桜もキレイだね～
こんなとこでお花見できるとはね
もう日本に帰国かぁ…
ほぅ…
中国各地でいろんなもの食べたねぇ…

松藩《ソンパン》のトマト鍋絶品だったな
重慶《じゅうけい》の火鍋に成都《せいと》のザリガニ！
麗江《リージャン》の薔薇パイ
各地の米線《ミーシエン》に昆明《クンミン》の魚串焼き
香格里拉《シャングリラ》のお鍋のスープもおいしかった
それになんと言っても西安《せいあん》の炒飯！
思い出せばまだまだあってキリがないよ
日本では食べられない物ばかりだったね
って食べ物の思い出ばっかり？
あはは〜
そんなことはないけど重要だよ！
いやーでも
私ひとりじゃとてもこんな素敵な旅はできなかったよね
英語が通じにくいから移動だけでも物凄く困難だし
国内線の乗り継ぎや現地の宿を探すのも言葉がわからないと難しいと思う
癩蛤蟆想吃天鵝肉
ノリと勢いでやれたとしても物凄いお金と時間ロスしただろうし

日本語対応の中国秘境ツアーもあるけどかなり高額になるから
一緒に旅してもらえて本当に助かったし楽しかった！ありがとうね
トミーさん…
あのね、人に何かしてもらったら感謝の気持ちを表すのが普通だと思うの
!?
具体的に何かと言うとね
大手某社の通訳同行サービスを基準とすると8時間で約3．3万円丸一日だと約10万円
全行程ざっと30日だとして300万円
タッ
タッ
消費税入れて324万円だね！端数切り捨てで320万円でいいよ！
ダラダラ…
な、なんの話して…
とぼけちゃって～私のガイド料に決まってるじゃん！
タダだと思ってたの～！（笑）
うふふ～

サラサラ…
冗談!
トミーさん冗談だよ!
中国旅行に慣れるまではフリープランの多いパッケージツアーをオススメします
中国
ツアーにないような秘境に行く場合は、現地で通訳ガイドさんをお願いできるかも知れないので調べてみてくださいね!
目がマジだったよ…
うっうっ
こわいよ…
近場で雰囲気を感じたいなら台湾や上海も楽しいですよ
都会なので言葉での苦労は少ないです
上海
台湾
台湾は親日で親切な人も多いしね
あったかくてご飯もおいしくて私も大好きだよ
あと海外旅行ではいろんな親切な人に出会うけど
自分も同じように外国人の旅行者には親切にしないとなって思うよね
うんうん

そんなとこかなー！
えっまとめ!? 兵馬俑のことはもういいの!?
あ、そうだった… あと、始皇帝のお墓がありまーす
て、適当…
名残惜しいけど日本に帰るぞ～！
また中国来られるように仕事頑張らないと！
そうだね！
私のガイド代も稼がないとね！
たくちゃん厳しいっ…！
おしまい

ざっくり 兵馬俑について

兵馬俑とは

秦始皇帝陵及び兵馬俑は、西安から東北へ30kmの臨潼(リントン)区にある秦始皇帝のお墓と、埋納された明器(冥器)の一種であるおびただしい数の俑。俑とは中国で死者と一緒に埋葬する人形を指します。昔の中国では権力者が死ぬと、殉死した親族や家臣などを一緒に埋葬したり、または埋葬する為にわざわざ生きている人間を殉死させたりとなかなかキチィ事をやっていたのですが、お人形で代用しましょうね、という事で始まった文化です。が、秦の始皇帝ともなると規模が違いますね。現場には1号坑〜3号坑とあり、現在までに約8000体の兵馬俑が確認されていますがまだまだ発掘されずに地中に埋まったままの俑は多くあると思われます。しかもその顔貌に同じものは一つとなく、型を取って量産したのではなく一体一体手作業で作られた事が解ります。更に、着彩まで施されていたそうです…！納品までにどれほどの人員と歳月を費やしたのでしょうか…。始皇帝、キチィ…！

発掘者に会える！

兵馬俑は、1974年に地元の農夫によってたまたま偶然発見されました。杨志发（ヤン・シファ）さんというお爺さんなのですが、当時仲間と井戸を掘っていたら兵士像を掘り出してしまい、臨潼区の博物館に持ち込んだところ始皇帝陵墓を発見したのではないかと調査が始まり、その5年後の1979年には兵馬俑博物館がオープンするというとんでもないスピードでヤンさんの功績は讃えられました。兵馬俑博物館にはヤンさんと握手！コーナーもあり、運がよければその辺りでウロウロしているヤンさんを捕まえてサインをしてもらったり、話を聞いたりできるそうです。
筆者は会っていませんが…。地元じゃ負け知らず…ではなく、有名人だそうなので、記念に歴史の生き証人と会ってみたい！と思う方にはレアなイベントかもしれません！ご高齢ですので、急いで下さいね！！

ヤンさんご尊顔

あとがき

この本は、二〇一五年の十月に半月ほどと、雲南省以降は二〇一六年三月に半月ほどの期間に、中国各地を周遊した記録を漫画にしています。前作の「なんで私が中国に⁉」から五年後の事です。その間なんだかんだありつつも、中国は着々と経済成長を遂げ、訪日する富裕層の爆買いが連日報道されたり、優秀な日本の技術者を高給で引き抜いたり、WEBではGAFA*に頼らない独自の開発を遂げたり、無視できない国として今もなお存在感を示し続けています。[＊GAFA=Google ,Amazon, FaceBook, Apple.inc]

今回の漫画は中国旅行記なので、ひと所で環境や人々とじっくり向き合った内容ではないのですが、それでも都心部では整ったインフラや、洗練されたサービス等を肌で感じ、この数年でまた飛躍的に進歩しているなと感じました。

しかし、作中でも触れたように少数民族やチベットとの関わり方として、中国政府は国際的モラルに問われるような未解決の問

題もたくさん抱えています。

マクロな視点で見れば国内外にも脅威を感じさせる赤い国家ですが、ミクロな視点で見れば様々な文化が織り混ざり、雄大な自然と素朴な人々が慎ましく暮らしを営む歴史ロマンとバラエティに富んだ素晴らしい国です。日本ではネガティブな報道が多く、なかなか良いイメージを持ちにくい中で、中国大陸に旅行に行くというのはもしかすると少しハードルが高い事なのかもしれません。しかし一度行けばそのスケールの大きさと懐の深さに、きっとやみつきになる事と思います！

この本を通して少しでも、中国旅行の楽しさが伝わればいいなと思っていますし、さらには日中友好、ひいては世界平和を考えるきっかけになればと思います。

「千里之行、始于足下」千里の道も一歩から。最後までお読み頂きありがとうございました！

日野トミー

中《ちゅう》国《ごく》秘《ひ》境《きょう》紀《き》行《こう》

大《たい》陸《りく》の果《は》てまでいっチャイナ!

コミックエッセイの森

2019年10月25日 初版第1刷発行

著者——日《ひ》野《の》トミー

発行人——堅田浩二

本文DTP——小林寛子

編集——小林千奈都

発行所——株式会社イースト・プレス
〒101-0051
東京都千代田区神田神保町2-4-7
久月神田ビル
Tel 03-5213-4700　Fax 03-5213-4701
http://www.eastpress.co.jp/

印刷所——中央精版印刷株式会社

装丁——小沼宏之[Gibbon]

ISBN 978-4-7816-1824-1　C0095